公路施工技术丛书

地震勘探理论在高速公路质量检测中的应用

李修忠　张学强　秦建军　邵景干　编著

U0329951

中国建筑工业出版社

图书在版编目（CIP）数据

地震勘探理论在高速公路质量检测中的应用/李修忠等编著.
北京：中国建筑工业出版社，2009
（公路施工技术丛书）
ISBN 978-7-112-11288-3

Ⅰ.地…　Ⅱ.李…　Ⅲ.地震勘探－应用－高速公路－道
路工程－质量检验　Ⅳ.U412.36

中国版本图书馆 CIP 数据核字（2009）第 171481 号

公路施工技术丛书
地震勘探理论在高速公路质量检测中的应用
李修忠　张学强　秦建军　邵景干　编著

*

中国建筑工业出版社出版、发行（北京西郊百万庄）
各地新华书店、建筑书店经销
北京华艺制版公司制版
北京市彩桥印刷有限责任公司印刷

*

开本：850×1168 毫米　1/32　印张：5⅝　字数：250 千字
2009 年 11 月第一版　2009 年 11 月第一次印刷
定价：**16.00** 元
ISBN 978-7-112-11288-3
（18611）

本书是作者经过多年理论与实践相结合的研究，解决了复杂地表情况下地震反射波静校正量的计算精度问题、反射波动校正子波拉伸畸变问题，从而提高了地基洞穴、裂隙、断层的探测精度；实现了多道面波提取及相邻道频散曲线计算，从而提高了横向探测分辨能力；采用变频率间隔方法计算频散曲线提高了纵向探测分辨能力；实现了用小波变换阈值判断方法提取瑞雷波，提高了横向突变介质的探测精度。

*   *   *

责任编辑：张文胜　姚荣华　田启铭　王　磊

责任设计：张政纲

责任校对：赵　颖　陈晶晶

公路施工技术丛书编委会

顾　　　问：冯治安

主 任 委 员：李修忠

副主任委员：邵景干　贾绍明　朱建斌

编　　　委：（按姓氏笔画排序）

王亚琼　王　航　王穗平　付立军

田国华　刘　江　许宏科　李　杰

李晓明　李　哲　张　弦　陈景星

邵　平　胡霞光　施笃筝　赵豫生

袁卓亚　唐　娴　黄振华　梁全富

彭余华　韩　熠　魏　进

秘　　　书：王国晓　张占锋

总　　序

　　近年来，我国公路交通事业保持了持续快速健康发展的好势头，交通基础设施建设取得瞩目成就。截至 2008 年年底，我国公路网总里程已达 373 万 km（包括农村公路 172 万 km），其中高速公路通车里程为 6.03 万 km。目前公路施工等领域的相关从业人员，包括施工、监理以及项目管理人员，亟需一套公路施工方面的工具书，来指导自己的工作，以保证工程质量、提高工作效率。

　　公路施工技术丛书基本涵盖了当今公路施工领域所涉及的各个方面，它不仅包括道路、桥梁和隧道施工技术、施工监理，也包括道路、桥梁和隧道的检测、维护和运营管理等方面的内容。本套丛书的作者包括高等院校的老师、工程项目管理人员以及工程技术负责人，他们的共同特点就是拥有丰富的实践经验，具备扎实的理论功底，并且他们都十分了解行业的发展动态，从而保证了这套丛书的实用性和特色。

　　本套丛书可以作为公路工程的施工技术人员、监理人员以及项目管理人员的工具书，同时也可以作为大专院校相关专业学生的学习参考书。

前　　言

地震勘探技术已广泛应用于水利水电、交通、建筑等领域的工程勘察以及工程施工质量的检测之中，主要采用反射波法、瑞雷波法勘探技术。应用于高速公路质量检测中主要是探测边坡的稳定性，地基的洞穴、软夹层及断层，路基的承载力、密实度，桩基的质量及完整性等方面。

作者经过多年理论与实践相结合的研究，解决了复杂地表情况下地震反射波静校正量的计算精度问题、反射波动校正子波拉伸畸变问题，从而提高了地基洞穴、裂隙、断层的探测精度；实现了多道面波提取及相邻道频散曲线计算，从而提高了横向探测分辨能力；采用变频率间隔方法计算频散曲线提高了纵向探测分辨能力；实现了用小波变换阈值判断方法提取瑞雷波，提高了横向突变介质的探测精度。

本书的主要内容有：第一章介绍了地震勘探的基本理论；第二章在阐述共中心点瞬间基准面反射波法原理的基础上，重点推导了复杂地表情况下地震反射波静校正量的计算公式；在介绍瑞雷波的提取、频散曲线计算及其正反演的基础上，建立了路基质量评价指标统计数学模型；第三章介绍了瞬时基准面、高保真动校正、垂直裂缝、瑞雷波提取及正反演、容重承载力等的数字和物理模拟计算结果；第四章的内容是实例试验与对比，在介绍面波数据野外采集工作方法和技术的基础上，重点分析了两种方法在提取面波和计算容重承载力方面的对比精度；第五章介绍了高等级公路路基补强效果检测、桩基质量检测、路基勘察的应用实例，检测项目包括压实度、复合承载力、地基承载力、粉喷桩质量、管桩质量、锚杆长度、洞穴、断层、裂缝、地基变形等内容。

本书的研究成果得到了河南省路通物探科技开发有限公司和京珠国道主干线郑州至漯河高速公路改扩建工程项目部的资助，在此表示衷心的感谢！

希望本书的出版能给从事地震勘探的地球物理工作者和高等级公路建设者提供指导、帮助。

由于作者水平有限，书中难免有疏漏及错误之处，衷心地希望读者批评指正。

编　者
二〇〇九年八月

目　　录

第一章 浅层地震勘探的理论基础

浅层地震勘探是根据人工激发的地震波在岩土介质中的传播规律来研究浅部地质构造的物理方法。因此，应首先对有关地震波的基本理论有所了解。地震波的基本理论分为弹性理论、地震波的运动学和动力学以及地震勘探的分辨率四大部分，本章将分别对这些理论予以介绍。

第一节 弹性理论概述

一、弹性介质与黏弹性介质

1. 弹性介质

在外力作用下，物体（介质）的体积或形状会发生相应的变化，这种变化称为物体的形变，当外力去掉后，物体又恢复到原来的状态，这种特性称为弹性。具有这种特性的物体叫作完全弹性体或理想弹性体（介质），其形变称为弹性形变，如弹簧、橡皮筋等。反之，若外力去掉后，物体不能恢复原状，而是保持受外力作用时的状态，这种特性称为塑性，具有这种特性的物体称为塑性体，其形变称为塑性形变，如橡皮泥等。

在外力作用下，一个物体（某种介质）产生弹性形变还是塑性形变，取决于一定的条件，即是否在弹性限度之内。这同物体所受外力的大小、作用时间的长短及物体本身的性质有关。一般来说，如果作用力不大，作用时间又很短暂，则大部分物体产生的是弹性形变；反之，若作用力很大，或作用时间很长，则大部分物体表现为塑性形变。

自然界中绝大部分物体在外力作用下既可以显示出弹性，也可以显示出塑性。在地震勘探中，人工激发的震源是脉冲式的，作用时间很短（持续十几到几十毫秒），接收点离开震源一般会有一定距离，该处的岩石、土层受到的作用力很小。因此，可以把岩、土介质看作弹性介质，用弹性波理论来研究地震波。

在研究弹性理论时，可将岩、土的性质分为各向同性和各向异性。凡弹性性质与空间方向无关的介质称为各向同性介质；反之，则称为各向异性介质。在地震勘探中，只要岩土性质差异不大，都可以将岩土作为各向同性介质来研究，这样可使很多弹性理论问题的讨论大为简化。

2. 黏弹性体（介质）

物体（介质）在小外力、长时间作用下会出现不能恢复原状的形变，这种外力撤销后形变仍然存在的性质与黏滞性的液体性质十分相似，称这种性质为黏滞性。运动（或者波动）在黏滞性的介质中传播时，介质中会产生一种阻碍这种运动的应力，这种力称为黏滞力或者内摩擦力。既有弹性又有黏滞性的性质称为黏弹性，称具有这种性质的物体为黏弹性体。

在实际的浅层地震勘探中，人们发现在地面接收到的地震波不同于激发时的信号，它的波形要变"胖"，振幅也变小，这是由于岩土地层对其中传播的地震波有吸收作用，吸收了激发信号中的某些高频成分，使其能量发生损耗，并使地震波形发生改变。显然，岩土层这种既有弹性又有黏滞性的性质就是黏弹性，岩土层就可以称为黏弹性体（介质）。

二、应力和应变

在地震勘探中，地震波所传播的实际岩层可以抽象地作为理想弹性介质来研究。因此，在震源（外力）作用下，弹性体就会发生形变，可以用应力和应变的概念来描述这种作用力和形变之间的关系。

1. 应力

设有一圆柱状直杆，长度为 l，直径为 d，横截面积为 S，如图 1-1 所示。该直杆受到一个不大的外加拉力 F 时产生形变，长度变为 $l' = l + \Delta l$，直径变为 $d' = d - \Delta d$。同时，直杆内部质点之间会产生一个使物体恢复原状的内力。显然，该内力垂直于直杆的横截面，它的大小应与外力相等，但方向相反。

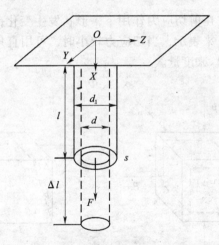

图 1-1　直杆拉伸试验中的应力与应变

在弹性理论中，将单位面积上所产生的内力称为（正）应力，用 T 表示；而把相切于单位面积上的内力叫做剪切应力，

一般用 τ 来表示，如图 1-2（b）所示。

$$T = \frac{F}{S} \tag{1-1}$$

2. 应变

弹性介质在应力作用下产生的形状和体积的变化叫做应变。

弹性介质在正应力作用下，体积发生变化（膨胀或压缩），体积的相对变化就是体应变，通常用 θ 表示。如图 1-2（a）所示。

$$\theta = \frac{\Delta V}{V} \tag{1-2}$$

体应变是由线应变组成的，线应变是单位长度的伸长（或缩短）量，一般用 e 来表示。

$$e = \frac{\Delta l}{l} \tag{1-3}$$

弹性介质在剪切应力作用下，形状发生变化，叫做剪切应变，一般用 e_τ 来表示，当切应力较小时，可用直角的改变量 Φ（也叫偏转角）来度量。

$$e_\tau = \Phi \tag{1-4}$$

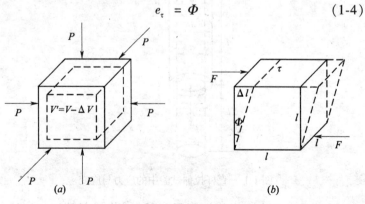

图 1-2　立方体单元受力后的形变

（a）体积压缩；（b）剪切应变

三、弹性模量

1. 弹性模量的定义

弹性模量也叫弹性参数或弹性系数，它表示了弹性体应力与应变之间的关系，反映了弹性体的弹性性质。

（1）杨氏模量（E）

当弹性体在弹性限度内单向拉伸时，应力与应变的比值称为杨氏模量（拉伸模量）。

$$E = \frac{F/S}{\Delta L/L} = \frac{T}{e} \qquad (1-5)$$

（2）泊松比（σ）

从图 1-1 可见，在拉伸形变中，直杆的横切面会减小。反之，在轴向挤压时，横截面将增大。也就是说，在拉伸或压缩形变中，纵向增量 Δl 和横向增量 Δd 的符号总是相反的。把介质的横向应变与纵向应变的比值称为泊松比。

$$\sigma = -\frac{\Delta d/d}{\Delta L/L} \qquad (1-6)$$

式中负号是为了使 σ 成为正值。

（3）体变模量（K）

图 1-2（a）表示一个体积为 V 的立方体在流体静压力 P 的挤压下所发生的体积形变。即每个正截面的压应力为 P 时，体积缩小了 ΔV。把所加压力 P 与体积相对变化之比叫体变模量（压缩模量）。

$$K = -\frac{P}{\theta} \qquad (1-7)$$

（4）切变模量（μ）

图 1-2（b）表示底面积为 S 的立方体，由于受到平行于

上、下两底面的剪切力 F 的作用而发生形状形变（亦称剪切形变）。前后两侧面扭动了一个角度 Φ，即切应变的数值为 Φ。那么，切变模量（刚性模量）就表示了物体切应力与切应变之比。

$$\mu = \frac{\tau}{\Phi} \tag{1-8}$$

式（1-8）说明，μ 越大，切应变越小，μ 是阻止切应变的一个量度。对于液体 $\mu = 0$，即不产生切应变，液体只有体积变化。

（5）拉梅系数（λ、μ）

在弹性力学中，通常将受力物体内任意点所受的力沿坐标轴分为三个分力，每个分力都会引起纵向和横向沿三个轴的应力与应变。按照广义虎克定律，应力与应变之间存在线性关系，于是应有 36 个弹性系数。但对于各向同性的均匀介质来说，这些系数大都相等，可归结为应力与应变方向一致和互相垂直的两个系数 λ 和 μ，合称拉梅系数，其中的 μ 就是切变模量。

以上 5 个弹性参量，由弹性理论的研究证明，对于均匀的各向同性介质，其中任意一个参量，都可以用任意两个其他的参量表示出来，这样就会得到许多关系式，而且每一个关系式都附带着自己的适用条件，这里只写出其中一组：

$$\left. \begin{aligned} E &= \frac{\mu(3\lambda + 2\mu)}{\lambda + \mu} \\ \sigma &= \frac{\lambda}{2(\lambda + \mu)} \\ K &= \lambda + \frac{2}{3}\mu \end{aligned} \right\} \tag{1-9}$$

从以上讨论的各参数中可知，弹性参数是应力与应变的比例常数，表示介质抵抗形变的能力，其数值愈大，表示该介质愈难以产生形变。根据试验和理论推导，E、σ、μ 都大于零，泊松比（σ）在 $0 \sim 0.5$ 之间变化。一般岩石的 σ 值在 0.25 左右，极

坚硬岩石的 σ 值仅为 0.05，流体的 σ 值为 0.5，而软的、没有很好胶结土的 σ 值可达 0.45。表 1-1 中列举出一些岩石和介质的弹性参数。

介质的弹性参数　　　　　　　　　　表 1-1

参　数 介　质	杨氏模量 E	体变模量 K	切变模量 μ	拉梅系数 λ	泊松比 σ	密度 ρ
	\multicolumn{4}{c}{(N/cm^2 ×10^6)}		(g/cm^2)
钢	20	17	8	11	0.30	7.70
铝	7	7.5	2.5	5.5	0.35	2.70
玻璃	7	5	3	3	0.25	2.55
花岗岩	7	3	2	2.5	0.25	2.67
石灰岩	5.5	3.5	2	3.5	0.20 ~ 0.32	2.65
砂岩	4.5	3	1.5	2.5	0.20 ~ 0.28	2.45
页岩	3	2	1	1	0.22 ~ 0.40	2.35

2. 动弹模和静弹模的关系

对于同一岩、土介质，弹模数值除了与岩性有关外，还因测试的方法不同而异。用静力测试的方法所得弹模为静弹模，用 E_s 表示；而用弹性波（地震或声波）测试的方法称为动力法，所得弹模为动弹模，用 E_d 表示。动弹模数值一般要比静弹模大。

上述两种测试方法各具优缺点。静力法测得的静弹模值与地基受力条件相似，但现场测试设备笨重，测试时间长、费用高，因此只能选择有代表性的少数测点进行测试，而少数测点难以对整个场地岩、土介质的力学性质做出总体评价。动力法是用地震或声波仪进行测试，具有简便、快速、经济等优点，而且近代的许多高大建筑物设计，都要考虑地基的动力响应特点，因此动力法得到了广泛的应用。但是目前工程设计人员一般还是要求给出与地基受力条件近似的静弹模数值，因此往往要把地震或声波测得的动弹模值换算成静弹模值。

动、静弹模之间定量关系的换算公式，因岩性、结构等不同而异，国内外有不少研究机构做过许多工作，得出了一些经验关系式。如中国科学院地质研究所采用的经验公式是：

$$E_s = 0.25 E_d^{1.3} \quad \text{（适合完整的岩石或岩体）}$$
$$E_s = 0.25 E_d^{1.7} \quad \text{（适合裂隙发育和破碎岩体）} \quad (1-10)$$
$$E_s = 0.25 E_d^{2.0} \quad \text{（适合破碎充水的岩体）}$$

上述经验公式，一般来说对在一定范围内性质相似的岩体可借鉴使用，但不宜在大范围内推广使用。因为这类公式都有一定的局限性，应用时有一定的误差，甚至可能出现较大的误差。因此，在一个新工作区进行实际工作时，最好通过试验，在测区进行一定数量的动、静弹模对比测试，然后利用统计学的方法进行对比分析，建立起适用于该区动、静弹模之间的换算关系式。

至于各种动弹性模量与纵、横波速度及泊松比之间的计算关系式，将在第八章详细讨论。

四、波动方程

若应力体内两相邻质点的应力相同，则它们之间就没有相对运动，这就是前面所讨论的弹性介质处于静止平衡状态的情况。若二者之间有应力差，则会产生波动。为了研究弹性波动形成的物理机制和在介质中的传播规律，必须建立波的运动方程（波动方程）。所谓波动方程，是用数学函数形式描述在介质中传播的波动，研究介质中质点位移随时间和空间的变化规律。

在弹性理论中，对于均匀、各向同性、理想弹性介质中的三维波动方程式为：

$$(\lambda + \mu)\frac{\partial \theta}{\partial x} + \mu\nabla^2 u - \rho\frac{\partial^2 u}{\partial t^2} = 0$$

$$(\lambda + \mu)\frac{\partial \theta}{\partial y} + \mu\nabla^2 v - \rho\frac{\partial^2 v}{\partial t^2} = 0 \qquad (1\text{-}11)$$

$$(\lambda + \mu)\frac{\partial \theta}{\partial z} + \mu\nabla^2 w - \rho\frac{\partial^2 w}{\partial t^2} = 0$$

式中，u，v，w 分别为 x，y，z 方向上的位移，λ，μ 为拉梅常数，ρ 为介质的密度。

$$\theta = \frac{\partial u}{\partial x} + \frac{\partial v}{\partial y} + \frac{\partial w}{\partial z}$$

为体积应变。

$$\nabla^2 = \frac{\partial^2}{\partial x^2} + \frac{\partial^2}{\partial y^2} + \frac{\partial^2}{\partial z^2}$$

为拉普拉斯算子。

若波动引起介质的形变，只有体积上的变化而无旋转时，那么方程式变为：

$$(\lambda + 2\mu)\,\nabla^2 u - \rho\frac{\partial^2 u}{\partial t^2} = 0$$

$$(\lambda + 2\mu)\,\nabla^2 v - \rho\frac{\partial^2 v}{\partial t^2} = 0 \qquad (1\text{-}12)$$

$$(\lambda + 2\mu)\,\nabla^2 w - \rho\frac{\partial^2 w}{\partial t^2} = 0$$

此方程代表的波称为疏密波或压缩波。

若波动引起介质的形变，只有剪切变形和转动而无体积变化时，则方程变为：

$$\mu\nabla^2 u - \rho\frac{\partial^2 u}{\partial t^2} = 0$$

$$\mu\nabla^2 v - \rho\frac{\partial^2 v}{\partial t^2} = 0 \qquad (1\text{-}13)$$

$$\mu\nabla^2 w - \rho\frac{\partial^2 w}{\partial t^2} = 0$$

此方程代表的波称为剪切波或等容波。

疏密波与剪切波的波动方程可以写成如下简单的形式:

$$\left.\begin{array}{l} \dfrac{\partial^2 \theta}{\partial t^2} = V_p \nabla^2 \theta \\[3mm] \dfrac{\partial^2 \varphi}{\partial t^2} = V_s \nabla^2 \varphi \end{array}\right\} \qquad (1\text{-}14)$$

式中:$V_p = \sqrt{\dfrac{\lambda + 2\mu}{\rho}}$,$V_s = \sqrt{\dfrac{\mu}{\rho}}$ 分别代表纵波(疏密波)和横波(剪切波)的传播速度。

第二节　地震波的基本类型

一、地震波动的形成

从第一节的讨论可知,所谓波动,是指弹性体内相邻质点间的应力变化而产生质点的相对位移,当存在应力梯度时,便产生波动。为了说明地震勘探中利用地震波的本质,先来讨论地震波的形成过程。

弹性波必须在弹性介质中才能传播,前面已经讨论过,对于地壳岩层来说,岩、土介质可以近似地作为各向同性的弹性介质来研究。

一个物体在受到由小逐渐增大的力作用时,大体上经历三种状态:外力很小时,在弹性限度以内,物体产生弹性形变;当外力增大到超过弹性限度,物体产生塑性形变;当外力继续增大,超过了物体的极限强度,物体就会被拉断或压碎。

当在岩层中用炸药爆炸激发地震波时,在炸药包附近,爆炸所产生的强大压力远大于周围岩石的弹性极限,岩石发生破碎,形成一个破坏圈（见图1-3）；随着离开震源距离的增大，压力减小，但仍超过岩石的弹性限度，此时岩石不发生破碎，但发生塑性形变，形成一系列裂缝的塑性及非线性形变带；在塑性带以外，随着距离的进一步增加，压力降低到弹性限度内，又因为炸药爆炸是一个延续时间很短的脉冲力，所以这一区域的岩石发生弹性形变。因此，地震波实质上就是一种在岩层中传播的弹性波。

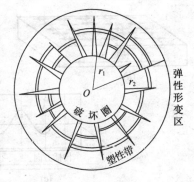

图1-3　爆炸对岩石的影

二、纵、横波的形成及其特点

从弹性波场中我们知道，在外力作用下，弹性介质中存在着两种扰动（胀缩力和旋转力）。胀缩力扰动，弹性介质产生体积应变，体积应变所引起的波动称为纵波（又叫 P 波）；旋转力扰动，弹性介质产生剪切应变，剪切应变所引起的波动称为横波（又叫 S 波），这两种波统称为体波。

纵波在介质中传播时，波的传播方向与质点振动方向一致，如图1-4（a）所示。在纵波经过的扰动带内，会间隔地形成压缩带（密集带）和膨胀带（稀疏带），因此纵波又称为疏密波或压缩波。它是在同一介质中传播速度最快的波，纵波速度用符号 v_p 表示，横波速度用符号 v_s 表示。

横波在介质中传播时，波的传播方向与质点的振动方向垂直。质点振动在水平平面中的横波分量称为 SH 波，在垂直平面中的横波分量称为 SV 波，如图1-4（b）和图1-4（c）所示。横

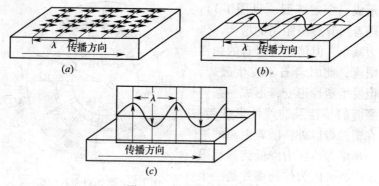

图 1-4　纵、横波的传播

（a）纵波的传播；（b）SH 波的传播；（c）SV 波的传播

波只在弹性固体介质中传播，液体和气体中不存在横波。

从波动方程中知道，纵波和横波在均匀无限介质中传播的速度分别为：

$$\left. \begin{array}{l} v_p = \sqrt{\dfrac{(\lambda + 2\mu)}{\rho}} = \sqrt{\dfrac{E}{\rho} \dfrac{1 - \sigma}{(1 + \sigma)(1 - 2\sigma)}} \\ v_s = \sqrt{\dfrac{\mu}{\rho}} \end{array} \right\} \quad (1\text{-}15)$$

那么，纵、横波速度之比为：

$$\frac{v_p}{v_s} = \sqrt{\frac{1 - \sigma}{0.5 - \sigma}} \quad (1\text{-}16)$$

从式（1-16）可见，两波速度之比可以确定泊松比的值。反之，已知泊松比的值也可以确定速度比。v_p/v_s 与介质泊松比的关系如表 1-2 所示。

v_p/v_s 与介质泊松比的关系　　　　　　　　　表 1-2

σ	0	0.1	0.2	0.25	0.3	0.4	0.5
v_p/v_s	1.41	1.50	1.63	1.73	1.87	2.45	∞

从表1-2可知，当 σ 值从0.5变化到0，相应速度的比从∞变化到1.41。由于岩石的泊松比一般为0.25左右，因此纵横波速度比 $v_p/v_s = 1.73$。从表中还可看出，横波最小速度为零，最大速度为纵波的70%，这分别对应液体和极坚硬的介质。

由于横波速度比纵波低，对于厚度较小的同一岩层，横波传播所用的时间比纵波长，因此，横波分辨薄层的能力比纵波强。

纵波勘探是地震勘探中的一种常规方法。对于横波来说，其激发、接收和识别的技术比纵波困难得多，以至横波勘探较难开展。但是，对于要求高分辨率的浅层地震勘探，横波勘探有非常重要的意义，特别是在解决某些特殊问题，如探测充满液体的洞穴（如溶洞）、地基的液化以及测定岩、土介质的物理力学参数，进行工程岩体分类，横波的测定都有其特有的意义。近年来随着科学技术的发展，浅层横波勘探得到了较快的发展（用地震面波也可测定岩、土介质中的横波），它是工程地震勘探中的重要发展方向之一。

三、面波

在弹性介质内传播的纵波和横波，由于它存在于整个弹性空间，因而这些波统称为体波。相对于体波而言，在弹性分界面附近还存在着另一类波动，从能量来说它们只分布在弹性分界面附近，故称为面波。面波又分为瑞雷面波和勒夫面波。

瑞雷面波也叫做地滚波，简称 R 波，它是英国学者瑞雷（RayLeigh）于1887年首先在理论上确定，后被证实的一种面波。瑞雷面波只分布在自由界面（地面）附近并沿自由界面传播，它的强度随深度呈指数衰减（传播深度若为一个波长），但在水平方向上衰减很慢。

瑞雷面波传播时，质点在通过传播方向的铅垂面内沿椭圆轨迹逆转运动，椭圆的短轴（平行于传播方向）与长轴（垂直于传播方向）的比值为 2/3，其振动轨迹与前进中的车轮转动方向相反，如图 1-5（a）所示。当质点振动在垂直方向时，恰好与纵波质点运动方向一致，因此在纵波勘探中面波是一种干扰波，它具有低频、低速（瑞雷面波的传播速度 v_R 大约是横波速度的 0.95 倍）、强振幅的特点。在天然地震中，瑞雷波是一种对建筑物危害极大的波。

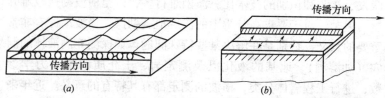

图 1-5　面波传播示意图
（a）瑞雷面波的传播；（b）勒夫面波的传播

还有一种面波叫勒夫（Love）面波。当存在一速度低于下层介质的表层介质时，在低速带顶、底界面之间产生一种平行于界面的波动，其质点振动方向垂直于波的传播方向，这种波就叫勒夫面波，它实际上也是一种 SH 波，如图 1-5（b）所示，它对纵波勘探影响不大，但对横波勘探来说是一种严重的干扰波。

在地震勘探中，在震源力的作用下，自由界面上往往形成较强的瑞雷面波，在地震中凡无特别说明的面波，都指瑞雷面波。

第三节　地震波场的基本知识

为了解地震勘探的基本原理，首先要了解地震波场的基本特征及其描述方法。地震波场的基本理论包括波的运动学和动力学两部分。研究地震波在传播中的空间位置与传播时间（称为旅行时）的关系，称为地震波的运动学（或几何地震学）；研究地震波在地层中传播时的波形、振幅、频率、相位等与空间位置的关系，称为地震波的动力学。地震波场特征是地下地质体岩性与构造等的动力响应。本节介绍的运动学和动力学的基本知识，是学习以后有关章节内容的重要基础。

一、运动学的基本知识

1. 惠更斯—菲涅尔原理

如图 1-6 所示，在地面 O 点爆炸后，地震波从 O 点震源出发，同时向各个方向传播。把某一时刻 t 时介质中刚开始振动的点连接起来成一曲面，该曲面叫做 t 时刻的波前；而把在同一时刻刚停止振动的点连接成的曲面叫波后。在波前面以外的质点，由于波尚未到达而没有振动，而波后以内的点均已停止振动，两者之间的区间各点均在振动，称为振动带。波前面的形状与介质的波速有关，介质波速结构的变化，波前面形状也会发生变化。在均匀介质中，波前是以震源 O 为中心的一簇同心球（半球）面，称球面波（当球面波半径很大时，称平面波）；而对于非均匀介质，波前面为曲面。

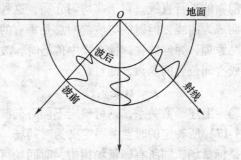

图 1-6　波前、波后和射线

惠更斯原理说明了波前向前传播的规律：在弹性介质中，已知 t 时刻的同一波前面上的各点，可以把这些点看作从该时刻产生子波的新的点振源，经过 Δt 后，这些子波的包络面就是 $t + \Delta t$ 时刻新的波前面。

根据惠更斯原理可以从已知波前面的位置求出以后各时刻波前面的位置。但是，惠更斯原理只给出了波传播的空间几何位置，而没有描述波到达该位置时的物理状态。

菲涅尔补充了惠更斯原理，他指出，由波前面上各点所产生的子波，在观测点上相互干涉叠加，其叠加结果就是在该点观测到的总振动。这就使得惠更斯原理具有更明显的物理意义。

惠更斯—菲涅尔原理（又称波前原理）既可用于均匀介质，也可用于非均匀介质，利用这个原理可以构制反射界面、折射界面等。

2. 费马原理与时间场

费马原理可以这样来描述，地震波沿射线传播的旅行时和沿其他任何路径传播的旅行时相比为最小，也就是说，波沿旅行时最小的路径传播，这一最小路径称作射线。在均匀介质中，两点间传播时间最短的路径是连接这两点的直线。因此，从震源发出的弹性波可用震源为中心的一簇辐射直线来描述，而平面波射线是垂直于波前面的平行直线。对于非均匀介质，这种最佳路径不再是直线，而成为曲线，但射线与波前面总是垂直的。

根据费马原理，弹性波在弹性介质中传播时，波前的传播时间可以表示成空间位置的函数，即：

$$t = t(x, y, z) \tag{1-17}$$

如果能确定上述函数关系，则可确定不同时刻波前的空间分布，把式（1-17）所确定的时空关系定义为时间场。

时间场是标量场，同所有标量场相仿，时间场可以用它的等值面来表示，称为等时面。等时面的方程为：

$$t(x,y,z) = t_i \qquad\qquad (1\text{-}18)$$

显然，t_i 时刻的波前面与 t_i 时刻的等时面重合。

在点震源作用下，均匀无限弹性介质中的等时面是以震源为中心的同心球簇。非均匀介质中的等时面则为曲面簇。由于射线垂直于波前面，而在时间场中各时刻波前面的位置是同等时面重合的，因而在时间场中射线亦垂直于等时面，且构成一组射线簇，等时面族同射线簇成正交关系，如图1-6所示。

在浅层折射波法勘探资料解释中，有一种精度较高的解释方法，称时间场法，它就是应用时间场的基本知识来绘制时间场的等时线，进而作出定量解释。

3. 视速度定理

由费马原理可知，地震波的传播是沿波射线方向进行的。波沿射线方向传播的速度称为射线速度，是波的真速度。因此，要测得波的真速度 v，观测方向必须和波射线的方向一致。但是，实际观测方向往往和波射线方向不一致，而是在地面上沿观测方向测得的波的速度值，这样测得的速度值不是波的真速度，称之为视速度，用 v_a 表示。

图1-7中 S_1、S_2 为两个检波点，道间距为 ΔX，设一来自地下平面波沿射线1到达 S_1 点的时间为 t，沿射线2到达 S_2 点的时间为 $t + \Delta t$，于是在地面上测得的视速度为：

$$v_a = \frac{\Delta X}{\Delta t}$$

而此时 S_1、S_2 两点平面波波前传播的距离为 ΔS，于是真速度为：

$$v = \frac{\Delta S}{\Delta t}$$

从图1-7可看出，$\Delta S = \Delta X \cdot \sin \alpha$，那么

$$v = \frac{\Delta S}{\Delta t} = \frac{\Delta X}{\Delta t} \cdot \sin \alpha = v_a \sin \alpha$$

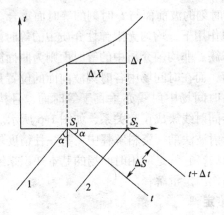

图 1-7　视速度原理示意图

即：
$$v_a = \frac{v}{\sin \alpha} \tag{1-19}$$

式中，α 为平面波波前与地面的夹角（或称波射线与地面法线的夹角），式（1-19）称为视速度定理，它表示了视速度与真速度的关系。从视速度定理可得出如下结论：

（1）当 $\alpha = 90°$ 时，即波沿测线方向入射到观测点，有 $v_a = v$。此时波的传播方向与测线方向一致，视速度等于真速度。

（2）当 $\alpha = 0°$ 时，即波垂直测线方向传播，有 $v_a \rightarrow \infty$。此时波前同时到达地面各点，各点没有时间差，这就像有一波动以无穷大的速度沿测线传播一样。

（3）一般情况下，α 总在 0°～90°间变化，因此视速度总是大于真速度，即 $v_a > v$。

在浅层地震勘探中，近炮点记录道接收到的反射波视速度高，相邻记录道之间反射波的时差小，远炮点记录道接收到的反射波视速度低，相邻记录道接收到的反射波时差大。

二、动力学的基本知识

1. 振动图与波剖面

地震波在传播过程中使介质中很多质点都在振动，为了具体地描述这种振动的状态，为此设想了与介质质点振动有关的图形。由于波在岩层中传播时，质点振动的位移随不同的时间和位置是不相同的。当沿测线（设为 X 轴）进行地震工作时，质点的位移 u 是时间 t 和测点 X 的二元函数，写为 $u = u(x,t)$，于是可以分别从两个坐标系来观察波动。

（1）振动图

当 X 为某一特定值（$X = X_1$）时，二元函数 $u = u(x,t)$ 就变为 t 的一元函数，即 $u = u(t)$。也就是说在某一确定的距离观察该处质点位移随时间变化的图形，称之为振动图。振动图表示地震波随时间的变化规律。如图 1-8（a）所示，图中 t_1 表示质点刚开始振动，称为波的初至，Δt 表示质点从起振到停振的时间间隔，称为振动的延续时间，Δt 的大小直接影响地震勘探的分辨率。

在浅层地震勘探中，地震波从激发到地面接收到反射波，最长时间一般不会超过 2s，波在传播中的振幅也是变化的。这种延续时间短、振幅变化的振动，称为非周期脉冲振动。

对非周期振动可用视振幅、视周期和视频率来描述它。

视振幅：质点离开平衡位置的最大位移，在振动图上表示极值的大小，如图中的 A。一般来说，振动的能量和振幅的平方成正比，振幅愈大，表示振动能量愈强。

视周期和视频率：在振动图形上两个相邻极大值或极小值间的时间间隔称为视周期，用 T_a 表示，它说明质点完成一次振动所需要的时间；视周期的倒数叫做视频率，用 f_a 表示，即

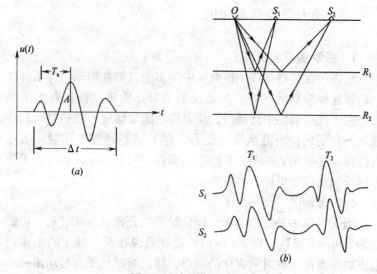

图 1-8　波的传播振动图

（a）振动图；（b）波形记录

$f_a = 1/T_a$，它表示质点每秒钟内的振动次数。

地震勘探中，当在地表测线上某点 S_1 接收地下反射界面 R_1、R_2 的反射波，所得地震记录就是振动图形，如图 1-8（b）所示。T_1 波组是界面 R_1 的反射波，它有三个视振幅值，地震中叫做三个相位；T_2 波组是界面 R_2 的反射。同样，在 S_2 点也可接收到界面 R_1、R_2 的反射波。实际工作中，往往采用多点（多道）接收的办法。多个接收点得到的振动图就是地震波形记录。

（2）波剖面

如果在某一确定的时刻（$t = t_1$），介质质点的位移 u 就成了距离 X 的一元函数，即 $u = u(x)$，这种用 $u—X$ 坐标表示质点位移与波传播距离的关系的图形称为波剖面，它表明了振动与空间的关系，如图 1-9 所示。波剖面中，最大正位移叫波峰，最大负位移叫波谷，两个相邻波峰或波谷之间的距离叫视波长 λ_a，它表示波在一个周期里所传播的距离，视波长的倒数叫做视波数 k_a。视频率 f_a、视周期 T_a、视波长 λ_a 和波传播的视速度 v_a 之间的关系为

$$\left.\begin{aligned}\lambda_a &= T_a v_n = v_a \frac{v_a}{f_a} \\ k_a &= \frac{1}{\lambda_a} = \frac{f_a}{v_a}\end{aligned}\right\} \tag{1-20}$$

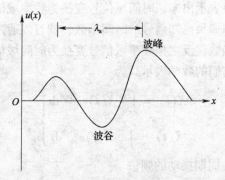

图 1-9　波剖面

鉴于地震勘探中激发的都是脉冲波形，没有"单色"的频率和波长，它的特点基本上由其主要频率和主要波长来体现。为了有别于此，在频率、波长等术语前加一"视"字。凡以后不加专门说明的，都是指视频率、视波长等。

2. 频谱理论

运动学只局限于波动与时间及空间的关系，它仅仅是认识波动的一个方面。可以从另一个角度（即频率的角度）来进一步认识弹性波动的性质。在后面各章的学习中将会发现，频谱分析是地震勘探中一个非常重要的概念，频谱理论是地震数据采集和

处理的一个十分有用的工具。

（1）时间域和频率域

把一个信号表示为振幅随时间变化的函数称为信号在时间域的表示形式，如波的振动图，地震记录 $X(t)$ 所表示的时空区域就叫时间域。把信号表示为振幅和相位随频率变化的函数，称为信号在频率域的表示形式，用 $X(f)$ 来表示，它包括振幅谱和相位谱。频谱分析就是信号在频率域内表示的一种方式。

信号在频率域或在时间域的表示，二者是等价的。这种关系可用富氏变换表示出来，时间域信号变换为频率域信号，叫做富氏正变换。即如果已知信号的时间函数，就可以通过正变换求取信号的频率函数；反之把频率域信号变换为时间域信号，叫做富氏反变换，它们的数学表示式为：

$$\left.\begin{array}{l} X(f) = \displaystyle\int_{-\infty}^{\infty} X(t)\,e^{-2i\pi ft}\mathrm{d}t \\ X(t) = \displaystyle\int_{-\infty}^{\infty} X(f)\,e^{i2\pi ft}\mathrm{d}f \end{array}\right\} \tag{1-21}$$

（2）复杂周期振动的频谱

众所周知，简谐振动是物体最简单的振动形式，一个简谐振动的特征可以用振幅、频率和初相三个参数来表示。而自然界中所观察到的是更复杂的周期振动，这种复杂的周期振动是由许多（有限数目）不同频率的简谐振动合成的复合振动，叫做振动的合成。反之，一个复杂的周期振动可利用富氏级数展开为许多简谐振动，叫做振动的分解，其数学式为：

$$X(t) = A_0 + A_1\cos(\omega_0 t + \varphi_1) + A_2\cos(2\omega_0 t + \varphi_2)$$
$$+ \cdots\cdots + A_n\cos(n\omega_0 t + \varphi_n) \tag{1-22}$$

式中，ω_0 叫基频（$\omega_0 = 2\pi f_0$）；$n\omega_0$ 叫倍频，式中各项为不

同振幅、不同频率、不同相位的简谐振动。

研究结果表明：只要简谐分量足够多而它们的参数又选得合适，就几乎能够合成所需要的振动。图 1-10 分别表示了两个简谐振动合成复杂的振动和许多简谐信号合成一个复杂的脉冲信号。

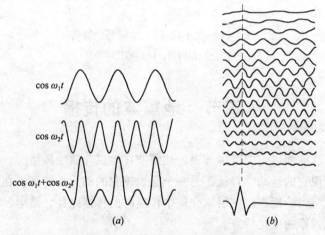

图 1-10　简谐振动叠加示意图

（a）两个简谐振动合成复杂的振动；

（b）许多简谐信号合成一个复杂的脉冲信号

如果把各个分振动的振幅 A 和相位 ϕ 与圆频率 ω 的关系表示在 $A—\omega$ 和 $\phi—\omega$ 的坐标平面内，所得的图像就叫振幅谱或相位谱，图 1-11 就是图 1-10 （b）中脉冲信号的振幅谱和相位谱，图中各分频率与振幅和相位的关系为一条条平行于振幅轴和相位轴的直线，称为谱线，这些谱线分别是圆频率为 ω_0，$2\omega_0\cdots\cdots n\omega_0$ 的简谐振动。因此，周期振动的振幅谱和相位谱为离散谱。

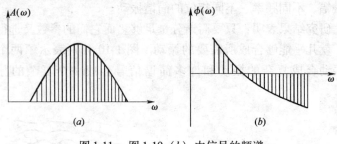

图 1-11　图 1-10（b）中信号的频谱

（a）振幅谱；（b）相位谱

第四节　地震波的传播

从前面讨论中可以知道，地震波在地层介质中传播时，一个是表现它的运动学特征，另一个是表现它的动力学特征。在本节中，将讨论地震波在层状介质中传播时的传播路径、波形、能量以及频率的变化特点。

一、地震波的反射和透射

反射和透射是波动在介质分界面上的一种现象，无论是光波、声波还是地震波，在分界面上发生反射、透射是波动的共性，因此本节中的一些名词、定律与光学中相同。然而地震波传播的媒介是地层介质，地层介质形成的弹性波有自己的特性，因此有些名词和传播规律与其他波动则不尽相同，例如地震波的折射与折射波的传播特点等。

如图 1-12 所示，假设界面 R 将弹性空间分为上、上两部分 W_1 和 W_2，上半空间纵波的传播速度为 v_1，下半空间纵波的传播

速度为 v_2。平面波波前 AB 以入射角 α 投射至界面，当地震波（平面波）波前上的 A 点到达界面 R 上的 A' 点时（此时平面波前为 $A'B'$），根据惠更斯原理可以将界面上 A' 点看成一个新震源，由该点产生一个新扰动向介质四周传播，当波前上 B' 点经过 Δt 的时间传播到界面 R 上的 Q 点时，由新震源 A' 点发出的扰动在 W_1 介质中亦以速度 v_1 传播了 Δt 时间，且在 W_2 介质中按速度 v_2 传播了 Δt 时间。在 W_1 和 W_2 介质中，均以 A' 点为圆心，并分别以 $v_1\Delta t$ 和 $v_2\Delta t$ 为半径画弧，以 Q 点分别画这两圆弧的切线，切点为 S 点和 T 点（见图 1-12）。

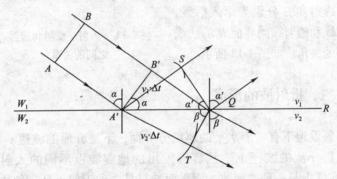

图 1-12　地震波的反射和透射

从图中可以看出，在 W_1 介质中产生的新波前为 QS，它同入射波波前 $A'B'$ 在同一介质内，称为反射波；在 W_2 介质中产生新波前为 QT，称为透射波。如果假设入射波波前面 $A'B'$、反射波前面 QS、透射波波前面 QT 同界面 R 的夹角分别为 α、α'、β，则从图上简单的三角关系可以得到：

$$\frac{\sin \alpha}{v_1} = \frac{\sin \alpha'}{v_1} = \frac{\sin \beta}{v_2} = p \tag{1-23}$$

该式反映了弹性分界面上入射波、反射波和透射波的关系。如果定义 α 为入射角、α' 为反射角，β 为透射角，式（1-23）说明反射角等于入射角，而透射角则决定于上下介质的速度比值；且在一个界面上对入射、反射和透射波来说都具有相同的射线参量 $p = \sin\alpha_i / v_i$。这个定律就是著名的斯奈尔定律，亦称反射－透射定律。

由于射线垂直于波前，因此在弹性分界面上亦可用射线来表示入射、反射和透射三者之间的关系，它们亦应满足斯奈尔定律，不过此时入射角 α、反射角 α' 和透射角 β 分别表示入射线、反射线和透射线同界面 R 的法线之间的夹角，如图 1-13 所示。

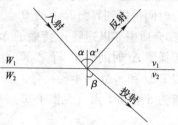

图 1-13　入射、反射和透射
　　　　　之间的关系

二、折射波的形成

假设地下有一个水平的速度分界面，下层介质的波速 v_2 大于上层介质的波速 v_1。从震源发出的地震波以不同的入射角（这实际上是一种球面波，而平面波只是一种近似，是一种数学概念的抽象）投射到界面上，根据透射定律可知，由于入射角 α 的增大，透射角 β 也随着增大，透射波射线偏离法线向界面靠拢，当 α 增大到某一角度时，可使 $\beta = 90°$，这时透射波就以 v_2 的速度沿界面滑行，形成滑行波，如图 1-14 所示，并称这时的入射角为临界角 i，写为：

$$\sin i = \frac{v_1}{v_2} \qquad i = \sin^{-1}\left(\frac{v_1}{v_2}\right) \qquad (1\text{-}24)$$

如果已知 v_1、v_2，就可由上式求出临界角。

根据波前原理，高速滑行波所经过的界面上的任何一点，都可看作从该时刻产生子波的新震源，由于界面两侧的弹性介质是

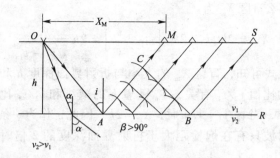

图 1-14 折射波的形成

连续的，那么质点的运动也应是连续的。因此，下面介质质点的振动必然要引起上覆介质质点的振动，这样在上层介质中就形成了一种新的波动，这在地震勘探中称之为折射波，由于它是高速滑行波的超前运动所引起的，因此又称为首波。

折射波的波前是界面上各点源产生的新振动向上面介质中发出的半圆形子波的包线，从图 1-14 可见，滑行波自 A 点以 v_2 的速度向前滑行了一段时间 Δt，波前到达 B 点，则 $AB = v_2 \Delta t$，同时 A 点向上面介质中发生半圆形子波，其半径为 $AC = v_1 \Delta t$，从 B 点作 A 点发出子波波前圆弧的切线 BC，它就是该时刻折射波的波前面，它与界面的夹角 $\angle ABC$ 为临界角 i，因为 ΔABC 为直角三角形，可得：

$$\sin\angle ABC = \frac{AC}{AB} = \frac{v_1 \Delta t}{v_2 \Delta t} = \frac{v_1}{v_2} = \sin i$$

$$\angle ABC = i \tag{1-25}$$

因波前与射线相垂直，所以折射波的射线是垂直于波前 BC 的一簇平行线，并与界面法线的夹角为临界角。

由图 1-14 可见，射线 AC 是折射波的第一条射线，从地面上 M 点开始才能观测到折射波，所以称 M 点为折射波的始点，自震源到 M 点的范围内，不存在折射波，这个范围称为折射波的盲区，那么盲区 X_{m} 为：

$$X_{\mathrm{m}} = 2ht\mathrm{g}i = 2ht\mathrm{g}\left[\sin^{-1}\frac{v_1}{v_2}\right] = 2h\frac{v_1}{\sqrt{v_2^2 - v_1^2}} \qquad (1\text{-}26)$$

从上式可知，盲区 X_{m} 的大小与折射界面深度 h 和上下介质速度的比值 v_2/v_1 有关，X_{m} 随着 h 的减小和 v_2/v_1 比值的增大而减小，当 $v_2/v_1 = 1.4$ 时，$X_{\mathrm{m}} = 2h$。因此，作为一条经验法则，折射波只有在炮检距大于折射界面深度的 2 倍时才能观测到。

从上面的讨论中可以发现，折射波形成的条件比反射波要苛刻，不仅要求界面两侧的速度不相等，而且必须满足下层介质的速度 v_2 大于上层介质的速度 v_1。在实际的多层介质中，一般速度随深度递增，因而可形成多个折射界面，但是上、下地层速度倒转的现象在浅层地震勘探中也是经常发生的，即在地层剖面中，中间可以出现速度相对较低的地层，在这些低速层界面的顶面就不能形成折射波。因此，实际工作中折射界面可能要比反射界面少。

三、在弹性分界面上波的转换和能量分配

前面讨论了波在弹性分界面上发生反射、透射和折射的问题，这是波的运动学关系，但没有讨论这些波的波形转换和能量分配问题，这属于波的动力学问题。其实，地震波入射到弹性分界面上，情况是比较复杂的，首先表现为波形发生转换，其次波的能量分配会随着界面两侧弹性介质参数的不同以及入射波角度的不同而变化很大。

1. 弹性分界面上波的转换

当一纵波 P 以某一角度 α 入射到反射界面上时，界面两侧的介质质点可分别受到垂直和平行界面的正应力和剪应力的作

用，因此在上下介质中就会分别形成四种不同的波，即反射纵波 R_p 和透射纵波 T_s 以及反射横波 R_s 和透射横波 T_s，如图 1-15 所示。于是根据斯奈尔定律便有：

$$\frac{\sin \alpha}{v_{p1}} = \frac{\sin \alpha_1}{v_{p1}} = \frac{\sin \beta_1}{v_{s1}} = \frac{\sin \alpha_2}{v_{p2}} = \frac{\sin \beta_2}{v_{s2}} = p \quad (1\text{-}27)$$

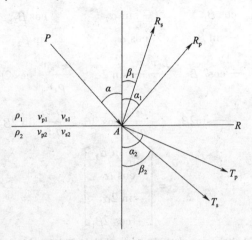

图 1-15　纵波入射时波的分裂与转换

上式中，α_1、β_1 分别为纵波及横波的反射角；α_2、β_2 分别为纵波及横波的透射角。

式（1-27）说明，当纵波 P 入射到界面 R 上的 A 点，那么在 A 点处分裂为两个反射波及两个透射波，也就是说，包括入射纵波在内，在界面上的 A 点处共有 5 个波动，其中两个波动同入射纵波的波形相同，即反射纵波 R_p 和透射纵波 T_p，称之为同类波；而另两个波动同入射纵波的波形不相同，即反射横波 R_s 和透射横波 T_s，称之为转换波。

2. 弹性分界面上波的能量分配

若设反射纵波 R_p、反射横波 R_s 与入射纵波的振幅比分别

为 R_{pp}、R_{ps}，透射纵波 T_p、透射横波 T_s 与入射纵波的振幅比分别为 T_{pp}、T_{ps}，则根据斯奈尔定律和边界条件（即界面上应力的连续性和位移的连续性），可推导出描述上述各波的线性代数方程组，即佐普里茨（Zoeppritz）方程，其矩阵形式如下

$$
\begin{bmatrix}
\sin\alpha_1 & \cos\beta_1 & -\sin\alpha_2 & \cos\beta_2 \\
\cos\alpha_1 & -\sin\beta_1 & \cos\alpha_2 & \sin\beta_2 \\
\sin2\alpha_1 & \dfrac{v_{p1}}{v_{s1}}\cos2\beta_1 & \dfrac{\rho_2 v_{s2}^2 v_{p1}}{v_{s1}^2 v_{p2}}\sin2\alpha_2 & \dfrac{\rho_2 v_{s2} v_{p1}}{\rho_1 v_{s1}^2}\cos2\beta_2 \\
\cos2\beta_1 & -\dfrac{v_{s1}}{v_{p1}}\sin2\beta_1 & -\dfrac{\rho_2 v_{p2}}{\rho_1 v_{p1}}\cos2\beta_2 & \dfrac{\rho_2 v_{s2}}{\rho_1 v_{s1}}\sin2\beta_2
\end{bmatrix}
\begin{bmatrix}
R_{pp} \\ R_{ps} \\ T_{pp} \\ T_{ps}
\end{bmatrix}
$$

$$
=
\begin{bmatrix}
-\sin\alpha_1 \\
\cos\alpha_1 \\
\sin2\alpha_1 \\
-\cos2\beta_1
\end{bmatrix}
\tag{1-28}
$$

在式（1-28）中，如果已知入射波的振幅 A_p 和入射角 α，则首先可以根据斯奈尔定律求出 α_1，α_2，β_1，β_2 诸角。然后根据已知的介质参数（ρ_1、ρ_2、v_{p1}、v_{p2}、v_{s1}、v_{s2}，分别表示上下介质的密度和纵横波速度），求解方程组（1.28），便可求得 R_{pp}、R_{ps}、T_{pp}、T_{ps} 各量，因此也就确定了它们之间的能量分配关系。鉴于方程组（1-28）确定的反射系数和透射系数除了同入射角 α 有关系外，还同很多参量有关，例如 ρ_2/ρ_1、v_{p2}/v_{p1}、v_{s2}/v_{s1}……。改变这些参量的比值，就会引起反射系数和透射系数的变化，也就是说改变了能量的分配关系。因此，欲从方程组一目了然地看出它们之间的关系是很困难的。为此，先来研究法线入射这种特殊情况，然后再来讨论一般入射情况。

（1）法线入射

法线入射即入射角 $\alpha = 0°$，这种情况对浅层地震勘探和岩、土力学参数测定以及工程地基检测等都具有重要意义。由于这些方法在野外的接收点在很多情况下都是近震源布置，因此震源至接收点之间的距离相对震源至较深的地下弹性界面来说，可认为很小。这样，从震源投射到弹性分界面再返回至地面，接收到的反射波是近法线入射。因此，研究法线入射对工程地震勘探具有现实意义。

由于法线入射，因此入射角 $\alpha = 0$，按斯奈尔定律有 $\alpha_1 = \alpha_2 = \beta_1 = \beta_2 = 0$，于是佐普里茨方程组变成如下简单形式：

$$\left.\begin{array}{l} R_{ps} - T_{ps} = 0 \\[2mm] R_{pp} + T_{pp} = 1 \\[2mm] R_{ps} + T_{ps}\dfrac{\rho_2 v_{s_2}}{\rho_1 v_{s_1}} = 0 \\[3mm] R_{pp} - T_{pp}\dfrac{\rho_2 v_{p_2}}{\rho_1 v_{p_1}} = -1 \end{array}\right\} \qquad (1\text{-}29)$$

从上式可以解出：

$$\left.\begin{array}{l} R_{ps} = T_{ps} = 0 \\[2mm] R_{pp} = \dfrac{\rho_2 v_{p_2} - \rho_1 v_{p_1}}{\rho_1 v_{p_1} + \rho_2 v_{p_2}} \\[3mm] T_{pp} = \dfrac{2\rho_1 v_{p_1}}{\rho_1 v_{p_1} + \rho_2 v_{p_2}} \end{array}\right\} \qquad (1\text{-}30)$$

根据式（1-30）可以得出如下结论：在纵波法线入射的情况下，不存在转换波，只有反射纵波和透射纵波，而且可以看到只要

$$\rho_2 v_{p_2} \neq \rho_1 v_{p_1} \qquad (1\text{-}31)$$

则反射系数 R_{pp} 总不会为零，总会存在反射波。

于是式（1-31）是反射法存在的物理条件。式中密度 ρ 和速度 v_p 的乘积 ρv_p，称为波阻抗。由于反射波产生于波阻抗的分界

面上，所以称波阻抗面为反射界面。

另外，从式

$$R_{pp} = \frac{\rho_2 v_{p2} - \rho_1 v_{p1}}{\rho_1 v_{p1} + \rho_2 v_{p2}}$$

可以看出，当 $\rho_2 v_{p2} > \rho_1 v_{p1}$ 时，R_{pp} 为正，说明反射波的相位与入射波的相位一致；反之，当 $\rho_2 v_{p2} < \rho_1 v_{p1}$ 时，R_{pp} 为负，说明反射波和入射波的相位相反，即相位相差为 π，这种现象在物理上称为半波损失。

从式（1-30）中的第三个方程可以看出，透射系数 T_{pp} 永远为正，故透射波的相位同入射波总是同相的。

从式（1-30）中还可看出，反射系数和透射系数的关系为：

$$T_{pp} = 1 - R_{pp} \tag{1-32}$$

即反射系数和透射系数之和等于 1。

（2）倾斜入射

当 $\alpha \neq 0°$，即倾斜入射时，波动之间的能量分配关系要比法线入射时复杂得多，下面分两种较常见的情况进行讨论。

图 1-16（a）表示 P 波入射到一种高速介质中的情形。条件为：$v_{p2}/v_{p1} = 0.5$；$\rho_2/\rho_1 = 0.8$，$\sigma_1 = 0.30$，$\sigma_2 = 0.25$。

从图可见：当入射角 $\alpha < 20°$ 时，除反射纵波 R_p 外，能量主要分布在透射纵波 T_p 上，横波能量很小（极限情况，$\alpha \to 0°$ 时，$R_s \to 0$，$T_s \to 0$，此时不产生横波），这同上述法向入射的情况是相符的。随着入射角的增大，纵波的某些能量转化为横波 R_s 和 T_s，但主要能量还是集中在 R_p 和 T_p 上。但值得注意的是，在 $\alpha \approx 40° \sim 60°$ 时，横波 R_s 和 T_s 的强度可以超过纵波 R_P 的强度，这说明在远离震源接收或大倾角入射时，容易接收到反射的转换横波。但当入射角 $\alpha \to 90°$ 时，入射波近似与界面平行，横波消失，全部能量集中于反射纵波。

图 1-16（b）表示相反的情况，即 P 波入射到一种低速介质

中的情形。条件为：$v_{p2}/v_{p1}=2.0$；$\rho_2/\rho_1=0.5$；$\sigma_1=0.30$，$\sigma_2=0.25$。显然，$v_{p2}\rho_2=v_{p1}\rho_1$，即上下介质的波阻抗相等。此外，第一临界角 $i_p=\arcsin v_{p1}/v_{p2}$，第二临界角 $i_s=\arcsin v_{s1}/v_{s2}$。

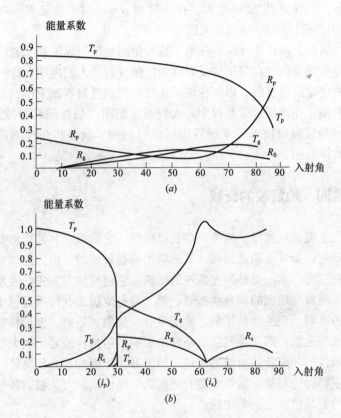

图 1-16 P 波入射下同类波与转换波的能量分配关系图

（a）P 波入射到高速介质中；（b）P 波入射到低速介质中

当入射角 $\alpha \ll i_p$ 时，相当于近法线入射的情形，此时纵波 $R_p\to0$ 及横波 $R_s\to0$ 和 $T_s\to0$，这说明在法线入射时无反射纵波。当入射角 $\alpha\to i_p$ 时，纵波沿界面滑行，$T_p\to0$，纵波 R_p 及横波 R_s

和 T_s 都急剧增大。这种强度的急剧变化，反映了波的能量转换。在前面折射波的形成中已经讨论过，在临界角附近将产生一种新的波动，即产生折射波。当入射角 $\alpha > i_p$ 时，横波 R_s 和 T_s 分别减弱，而纵波 R_p 继续增大。在入射角 $\alpha = i_s$ 时，横波 $R_s \rightarrow 0$ 和 $T_s \rightarrow 0$，而纵波 R_p 达到最大值。

从以上讨论中可知，在第一临界角附近反射纵波和反射横波的强度都很强。在那里的反射称为广角反射，人们期望在这一范围内追踪广角反射，以便在波阻抗较小的弱反射界面上得到更强的振幅。在浅层地震勘探中，人们通常使用"最佳偏移距技术"和"最佳窗口技术"来进行浅层反射勘探，就是广角反射原理的具体应用。

四、地震波的衰减

地震波从激发、传播到接收过程中，它的振幅和波形都要发生变化，能量不断地衰减，其影响因素是很多的，但归纳起来主要有三类：第一类是激发条件的影响，它包括激发方式、激发强度、震源与地面的耦合状态等；第二类是地震波在传播过程中受到的影响，包括波前扩散、地层吸收、反射、透射、波形转换等造成的衰减；第三类是接收条件的影响，包括检波器、放大器及记录仪的频率特性对波的改造、检波器与地面的耦合状况等。下面主要讨论与地层岩性直接有关的第二类因素，有关波形转换造成的衰减已在上一节中讨论。

1. 波前扩散

地震波由震源向周围介质传播，波前面越来越大，就是说越来越远地离开震源，地震波的振幅也越来越小。这种现象是由地震波的波前扩散（球面扩散）所引起，因为由震源形成的能量散布在面积不断增加的波前面上，单位面积上的能量随着传播距

离 r 的增加而减小。

设均匀介质中某一时刻球面波的波前面为 S，总能量为 E，单位面积上的能量为 ε，则有：

$$\varepsilon = \frac{E}{S} = \frac{E}{4\pi r^2} \qquad (1\text{-}33)$$

式中 r——球面的半径。

因为能量 E 与振幅 A 的平方成正比，得：

$$A^2 \propto \frac{1}{4\pi r^2} \qquad (1\text{-}34)$$

因而可得：

$$A = C \cdot \frac{1}{r} \qquad (1\text{-}35)$$

式中 C——与能量 E 有关的常数。

由式（1－35）可知，在均匀介质中，反射波的振幅与传播距离成反比，按照 $1/r$ 的规律衰减。在层状介质中，深处的速度大于浅处，波的射线为折射线，波前面比均匀介质时大，故因波前扩散而衰减的速率比均匀介质中快，图 1-17 画出了波在均匀介质和层状介质中波前扩散的情况。

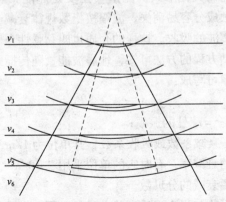

图 1-17 波在均匀介质与层状介质中的扩散

式（1-35）仅适应于反射波和直达波，对于折射波，其振幅与距离的关系为：

$$A = \frac{C}{\sqrt{r(r - r_0)^3}} \qquad (1\text{-}36)$$

式中　r——震源至观测点的距离；

　　　r_0——临界距离，即由震源到地面上开始观测到折射波的距离。

当观测距离很大时，即 $r \gg r_0$，上式可简化为：

$$A = C \cdot \frac{1}{r^2} \qquad (1\text{-}37)$$

这意味着折射波由于球面扩散，其振幅随距离的衰减比反射波更快。

2. 吸收衰减

理想弹性介质是对实际介质的近似，事实上，实际介质对地震波的能量具有不同程度的吸收作用。在波动过程中，介质的不同部分之间、颗粒之间会出现某种摩擦力或黏滞力，导致地震波振动的机械能向其他形式的能量（主要是热能）转化，从而使地震波的高频成分容易消失，波幅按指数规律衰减，这种现象称为介质对地震波的吸收。这样的介质也叫黏弹性介质，通过求黏弹性介质波动方程的方法可知，地震波能量随传播距离按指数规律衰减的规律可写成：

$$A = A_0 e^{-\alpha(f)r} \qquad (1\text{-}38)$$

式中　A_0——$r = r_0$ 处的振幅；

　　　α——衰减系数或吸收系数，其单位为 $1/\mathrm{m}$，它表示单位距离内振幅的衰减率，有时它的单位采用"dB/λ"，表示单位波长距离内振幅衰减的分贝数。

介质的吸收与岩土性质有关，一般坚硬、密度大的岩石，吸收系数小。一般认为，沉积岩的吸收系数为 0.5dB/λ；而对疏松胶结差的岩层，吸收系数较大，为 1dB/λ 以上，风化层可超过 10dB/λ；对第四系松散砂土层，吸收系数更大。

此外，介质的吸收还与频率有关，吸收系数是频率的函数。据理论证明和实际观测可知，吸收系数与频率成正比，频率越高，吸收越厉害。也就是说，介质对地震波频谱中各成分的吸收有选择性，高频成分容易消失。这种岩层对地震波的吸收作用，称为"大地低通滤波器的作用"。

综合波前扩散和吸收衰减，地震波的振幅与距离的关系可写成如下形式：

$$A = \frac{A_0}{r} \cdot e^{-\alpha(f)r} \qquad (1-39)$$

总之，随着传播距离（或深度）的增大，频谱中的高频成分被大地吸收，导致地震波的波形也随之改变（振动图的频率变低，振幅变小，时间延续度变大），使地震勘探的分辨率降低（有关分辨率的概念将在下一节讨论）。

3. 透射损失

据以上讨论可知，入射波在每一个弹性界面上都要把能量分成两部分，一部分分配给反射波，另一部分分配给透射波。因此，反射波的能量要比入射波的能量小。对反射波勘探来说，这种在地层中传播时地震波透过界面所发生的能量损耗称为透射损失（严格地说，地震波在界面上的反射和透射，只涉及能量的分配，而不涉及能量的损耗）。下面来讨论水平层状介质中垂直入射情况下的透射损失。

如图 1-18 所示，假设入射波振幅为 A_0，与界面 R_1、R_2、……、R_n 对应的反射系数亦为 R_1、R_2、……、R_n，对应界面反射波的振幅为 A_1、A_2、……、A_n。为讨论方便，该图有意把入射波和反射波的垂直入射和反射都画为斜线。

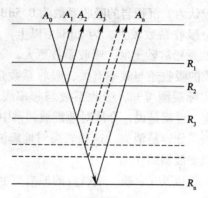

图1-18　地震波的透射损失

首先讨论只有两个水平界面的情况。由于反射系数分别为 R_1 和 R_2，当入射波以振幅 A_0 法线入射到 R_1 界面时，产生透射波，透射系数为 $T_1 = 1 - R_1$，波投射到 R_2 界面后，发生反射，并由下向上第二次透射 R_1 界面，这时 R_1 变为负值，透射系数为 $T_1' = 1 + R_1$，波两次透过这个界面，我们把 T_1 与 T_1' 的乘积叫双程透射系数 T_d，写为：

$$T_d = T_1 T_1' = (1 - R_1)(1 + R_1) = 1 - R_1^2 \qquad (1\text{-}40)$$

显然，双程透射系数总小于1，这表示反射波的振幅总因透射损失而减弱。当波在 R_2 界面反射并两次透过 R_1 界面时，反射波的振幅为：

$$A_2 = A_0(1 - R_1^2)R_2$$

同理，当存在三个水平界面时，反射系数分别为 R_1、R_2 和 R_3，当波分别两次透过 R_1、R_2 界面时，反射波的振幅为：

$$A_3 = A_0(1 - R_1^2)(1 - R_2^2)R_3$$

其中 $(1 - R_2^2)$ 为 R_2 界面的双程透射系数。依此类推，对于来自第 n 个界面上的反射波振幅为：

$$A_n = A_0 \prod_{i=1}^{n-1} (1 - R_i^2)R_n = A_0 R_n T \qquad (1\text{-}41)$$

式中, $T = \prod\limits_{i=1}^{n-1} (1 - R_i^2)$ 称为双程透射损失因子, 其值为第 n 个反射界面以上的各反射面双程透射系数的连乘。

从上式可知, 多层介质中的反射波振幅 A_n 与各个中间层面的反射系数 R_i 的平方成反比。因此, 如果中间层面的反射系数大, 透射损失也大, 这种情况对勘探其下部地层是不利的。此外, 由该式还可以看出, 界面越多, 透射损失也越大, 因而透射损失会使深层反射波的能量比浅层反射波的能量小, 加上波的传播路径深层比浅层长, 导致大地吸收与波前扩散引起波能量的衰减也比浅层的大。因此, 在地面上接收到的深层反射波信号要比浅层的小得多。

综合波前扩散、吸收衰减和透射损失, 地震波的振幅与距离的关系可写成如下形式:

$$A = \frac{A_0}{r} e^{-\alpha r} \Big[\prod_{i=1}^{n-1} (1 - R_i^2) \Big] R_n \qquad (1\text{-}42)$$

总之, 随着传播距离 (或深度) 的增大, 频谱中的高频成分被大地吸收, 能量变小, 导致地震波的波形也随之改变 (振动图的频率变低, 振幅变小, 时间延续度变大), 使地震勘探的分辨率降低、勘探深度降低。因此, 在中深层地震勘探中要用能量较强的震源, 而浅层地震勘探有时用锤击震源即可, 而在地震资料的采集和处理过程中, 都有一个提高地震记录分辨率的问题。

五、地震波的频谱

1. 主频及频带宽度

地震波是非周期的脉冲振动, 可用富氏积分展开为无限多个频率和相位连续变化的简谐振动, 如图 1-10 (b) 所示, 即为:

$$X(t) = \sum A_n \cos(2\pi f_n t + \varphi_n) \qquad (1\text{-}43)$$

式中，$f_n = \omega_n / 2\pi$ 为振动的频率。

这时所得的振幅谱是连续谱。为了描述一个振幅谱的特征，要引用主频和频带宽度两个参数。图 1-19 表示了一个波形频谱的典型例子。f_0 是频谱的主频，即频谱曲线极大值所对应的频率，信号的大部分能量都集中在主频附近的简谐分量中。若以 $|A(f)|$ 的值为 1，可找出对应于 $|A(f)| = 0.707$ 的两上频率值 f_1 和 f_2，并且把 $\Delta f = f_2 - f_1$ 叫做频谱（带）的宽度，f_1、f_2 的大小反映了脉冲信号的绝大部分能量在哪个频率范围之内，Δf 的大小给出了这个范围的宽窄。

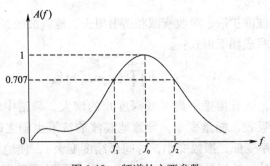

图 1-19　频谱的主要参数

2. 频谱特征

人们在大量的生产实践中已积累了在各种激发和接收条件以及各种地质条件下的地震波（及有关波动）频谱资料，如图 1-20 所示。总的来说，反射波的能量主要分布在 30 ~ 70Hz 的频带内；折射波的能量主要分布在 30 ~ 45Hz 的频带内；而面波的主要能量分布在 10 ~ 30Hz 的频带内，具有低频的特点；风吹草动等微震的频谱则在高频方面，且频带较宽；声波的频率较高，在 100Hz 以上；工业交流电干扰主频是 50Hz，频带很窄。

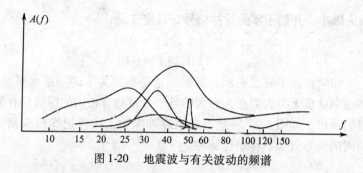

图 1-20　地震波与有关波动的频谱

　　在实际的地震勘探工作中，浅层反射波的频率较高，而较深层的反射波的频率较低，如图 1-21（a）为反射波旅行时间为100ms 和 300ms 的振动图，从图中可以看出，浅层的信号延续时间短，深层的信号延续时间长，相应的振幅谱如图 1-21（b）所示，曲线①、②分别对应于 100ms 和 300ms 的反射波振幅谱。从图上可见，浅层时间短的信号的主频要比深层时间长的信号的主频要高；而且浅层时间短的信号的频带比深层时间长的频带要宽，即信号的时间长度与频带宽度成反比，这就是频谱分析中的时标变换定理。

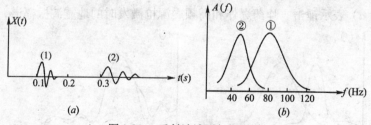

图 1-21　反射波波形与振幅谱

（a）反射波波形；（b）相应的振幅谱

　　定理表述为若信号时间延长 a 倍，则频带会变窄 a 倍。这个定理表明，脉冲信号越窄，它的频谱就越宽。一种极限情况叫做δ 脉冲（叫单位脉冲或尖脉冲），它是一个振幅无限大、延续时

41

间无限小、并趋于零的脉冲信号，其定义是：

$$\delta(t) = \begin{cases} \infty, \text{当 } t = 0 \text{ 时} \\ 0, \text{当 } t \neq 0 \text{ 时} \end{cases} \tag{1-44}$$

如果在频率域来表示，其振幅谱是高度为 1 的一条水平线，即频率从负无穷大到正无穷大的各个分量都有相同的振幅，有最宽的频谱，如图 1-22 所示。在地震勘探中，往往把炸药激发一瞬间的信号近似看作单位脉冲。

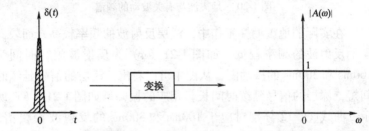

图 1-22 δ 脉冲和它的振幅谱

对于不同类型的地震波，其频谱也有差别，同一界面的反射横波比反射纵波频谱低、频带窄，如图 1-23（b）所示。其次，不同类型的震源激发方式，其地震波频谱也有差别，图 1-23（a）表示锤击、炸药爆炸和高频震源枪激发时的地震波振幅谱，

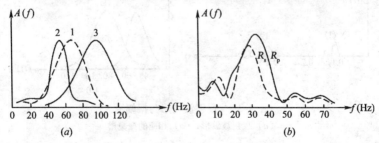

图 1-23   不同激发方式震源频谱及对应的反射波的频谱
（a）不同激发方式的地震波的频谱；（b）R_p、R_s 波的频谱

1—炸药；2—锤击；3—震源枪

从图中可以看出，锤击频带较窄，频率较低，高频震源枪频带较宽，频率较高。

第五节 地震勘探的分辨率

在浅层地震勘探中，地震记录所反映的各种地质构造的清晰度取决于地震资料的分辨率。地震勘探的分辨率就是分辨各种地质体和地层细节的能力，它包括纵向分辨率和横向分辨率两个方面。

一、纵向分辨率

纵向分辨率也叫垂向分辨率或时间分辨率，它是指地震记录沿垂直方向能够分辨的最薄地层的厚度。通常有两种含义：一种是从地震记录上能够正确地识别地层顶、底界面的反射波；另一种是从地震记录上能够确定薄地层的反射波，从而确定地下薄层的存在。两种含义的分辨率在地震勘探中有各自的用途，但在不加说明的情况下，所讨论的分辨率均指前者。

对纵向分辨率的讨论，可以从不同的理论角度来进行，下面从薄层顶、底反射波的时差以及振幅变化两个方面来进行讨论。

1. 波的时差法

如图 1-24（a）所示，一水平薄层的顶、底界面分别为 R_1、R_2，厚度为 Δh，层速度为 v_n，R_1 界面的自激自收地震波为 $b_1(t)$（为讨论方便，图中把波的射线拉开了），R_2 界面的波为 $b_2(t)$，并假设两个波具有相同的极性、视周期和延续时间。用 $\Delta \tau$ 表示薄层顶、底两个反射波的时差，用 Δt 表示地震波的延续时间。在传统的地震勘探中，常用 $\Delta \tau$ 与 Δt 的比值大小来定义纵向分辨率，其比值大于 1 时，两个波能分开，即有较高的分辨率；当比值小于 1 时，两波不能分开，即具有低分辨率。随着薄层厚度的变化，$\Delta\tau$ 与 Δt 的相对关系会出现下面两种情况。

第一种情况，当 Δh 较大时，可使 $\Delta\tau \geqslant \Delta t$，则 $\Delta\tau/\Delta t \geqslant 1$，这时接收点所收到的薄层顶、底的两个波能分开，如图 1-24（a）所示。

第二种情况，当 Δh 较小时，会出现 $\Delta\tau < \Delta t$（$\Delta\tau/\Delta t < 1$）的情况，这时薄层顶、底的波发生干涉，成为复波，已无法从地震记录上来分辨地下的薄层，如图 1-24（b）所示。

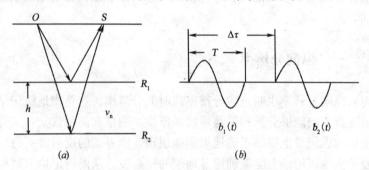

图 1-24　对地震记录用波的时差法分辨薄层

（a）薄层较厚时所接收的顶、底界面的两个子波；

（b）薄层较薄时所接收到的复波

从上述两种情况的讨论可知，纵向分辨率主要与 $\Delta\tau$、Δt 的大小有关，假设 $\Delta\tau$ 一定，可以通过缩短地震波的延续时间，达到 $\Delta\tau \geqslant \Delta t$ 的目的，即所谓改造纵波的办法，这是当前高分辨率浅层地震勘探中的一种基本思路和采用的主要办法。

在上述假设条件下，可以定量来讨论纵向分辨率，有以下关系式：

$$\Delta\tau = \frac{2\Delta h}{v_a} \tag{1-45}$$

设 $\Delta\tau \geqslant \Delta t$，可得：

$$\frac{2\Delta h}{v_a} \geqslant \Delta t \qquad (1\text{-}46)$$

地震波延续时间的长短与延续时间内包含的相位数有关，设延续时间等于 n 个视周期 T_a，即：

$$\Delta t = nT_a$$

将它代入上式，于是有：

$$\Delta h \geqslant \frac{v_a \Delta t}{2} = \frac{nT_a v_a}{2} = \frac{n\lambda_a}{2} \qquad (1\text{-}47)$$

式中 λ_a——视波长

从式（1-47）可知，当地震波的延续时间越短、相位数越少（设 $n=1$）、波长越短时，Δh 越小，则分辨率越高；反之，分辨率就低。当薄层厚度小于波长的 1/2 时，就无法利用波的时差来分辨薄层的厚度，这时要用薄层的振幅变化来定义纵向分辨率。

2. 波的振幅法

假设在波速为 v_1 的均匀介质中夹有一种波速为 v_2 的楔形地层，且 $v_2 < v_1$。当楔形地层的厚度从大逐渐减小直至尖灭。如果忽略透射损失、多次反射和波形转换的影响，这时模型上下界面反射系数大小相等、符号相反，上界面反射系数 R_1 为负值，下界面反射系数 R_2 为正值。

当薄层厚度较大时，上下界面初至相反的反射波在时间上可分辨。随着厚度变小，两波逐渐靠拢，当其时差为视周期的 1/2 时，薄层上下界面反射波的波峰（或波谷）相对应，因此两波必然同相叠加，出现相干加强。如图 1-25 所示，$b_1(t)$ 为楔形地层上界面的反射波；$b_2(t)$ 为楔形地层下界面的反射波，$b(t)$ 为两个波叠加后的波形。显然，合成波的振幅是单个子波振幅的 2 倍，称这种振幅为调谐振幅。由于

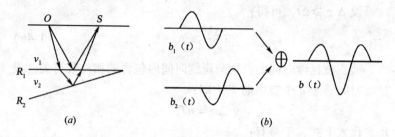

图 1-25　楔形模型的调谐效应

$$\Delta\tau = \frac{2\Delta h}{v_2} = \frac{T_a}{2} \tag{1-48}$$

因而

$$\Delta h = \frac{v_2 T_a}{4} = \frac{v_2}{4f_a} = \frac{\lambda_a}{4} \tag{1-49}$$

式中　f_a——视频率。

　　从上式可知，调谐振幅所对应的地层厚度 Δh 为视波长的 1/4，此厚度称为调谐厚度，定义调谐振幅所对应地层的调谐厚度为纵向分辨率。

　　从上述对分辨率的讨论可知，地震波的频率越高（一般指优势频率或主频），它的延续时间就越短，波长越小，分辨率越高。

　　在实际的地震勘探中，由于大地对地震波频率的吸收和衰减作用，在地层的不同深处，其分辨率是不一样的。对浅层来说，由于对波的高频成分吸收较小，因此分辨率较高；而对于深层，由于大地对波的高频成分吸收较大，其分辨率较低。

　　此外，在讨论纵向分辨率时，有时对薄层是否存在更感兴趣。比如，地面数百米或上千米以下是否存在 1m 左右的煤层，混凝土坝体中是否存在厘米级的软泥层（或夹砂层），冲击桩是否出现裂缝等等。

二、横向分辨率

横向分辨率也叫水平分辨率或空间分辨率，它是指地震记录沿水平方向能够分辨的最小地质体的宽度。

根据惠更斯原理，地面检波点接收到的反射波不只是反射界面上一个点的反射，而是一小段界面上（一个面）所有二次点震源发出的扰动叠加的结果。如图 1-26 所示，地震波从 O 点以球面波的形式向速度为 v 的介质中传播，在某时刻波前面的半径为 h，它与界面交于 O_1 点，这时 O 点只接收到一个点的反射，波继续向前传播 1/4 个周期，与界面相交于 C 和 C_1 点，波前面的半径变成 OC。根据波的叠加原理，波前面时差为 1/4 个周期内的 CC_1 界面上各点的波都被检波点接收，由于全部能量的到达时差都在半个周期范围内，因而产生相长干涉；而 CC_1 外边界上的点到达 O 点检波器的能量，由于其双程旅行时间比垂直入射到界面的反射波的双程旅行时间晚半个周期以上，因而产生相消干涉。把 CC_1 区域定义为产生反射波相长干涉的有效界面，称为第一菲涅尔带。

如果令第一菲涅尔带的半径为 r，t_0 为射线 OO_1 双程旅行时，

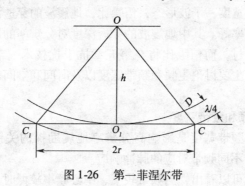

图 1-26　第一菲涅尔带

则根据图中简单的三角关系可得：

$$r = \sqrt{OC^2 - OO_1^2} = \sqrt{\left(h + \frac{\lambda}{4}\right)^2 - h^2} = \sqrt{\frac{h\lambda}{2} + \frac{\lambda^2}{16}}$$

$$(1\text{-}50)$$

当 $h \gg \lambda$ 时，忽略上式根号中的第二项，得：

$$r = \sqrt{\frac{\lambda h}{2}} = \sqrt{\frac{vh}{2f}} = \frac{v}{2}\sqrt{\frac{t_0}{f}} \qquad (1\text{-}51)$$

在地震资料的地质解释中，一般把第一菲涅尔带的半径 r 作为地震记录的横向分辨率。若地下地质体的宽度大于或等于第一菲涅尔带，才能够在水平叠加时间剖面上分辨该地质体的存在，反之，则不能。从式（1-51）可知，菲涅尔带的半径随频率 f 的增高而减小，随探测深度的增加而变大。因此，要提高地震记录的横向分辨率，主要在于提高所激发的地震波的频率。由于横向分辨率随着深度的增加而减小，因此一个深部的地质体必须有较大的延伸面积才能与浅层较小的地质体产生同样的地震效应。

三、影响分辨率的主要因素

影响地震记录分辨率的主要因素有以下几个方面：反射波的主频和频带宽度，子波形态，信噪比，地震波的穿透深度及时间和空间采样率等。其中地震波的穿透深度对分辨率的影响已在上一节中讨论过，而信噪比将在第五章抗干扰技术一节中详细讨论，在本节主要讨论主频和频带宽度以及时间和空间采样率对分辨率的影响。

1. 主频和频带宽度

主频和频带宽度是影响高分辨率地震勘探的关键因素。图1-27 表示了不同频带对应的脉冲响应。

从图中可以看出，当频带较窄、中心频率较低时，对应的脉冲响应主瓣较宽，旁瓣振幅较大，见图 1-27（a）；当频带宽度不变，中心频率较高时，对应的脉冲响应主瓣较窄，旁瓣振幅比图 1-27（a）所示的情况还大，且尾部振幅衰减慢，见图 1-27（b）。显然，以上两种情况的频率响应不利于提高地震记录分辨率。图 1-27（c）表示的是频率响应的中心频率 f_L 保持不变，频带宽度加大一倍所对应的脉冲响应。这种情况下主瓣较窄，旁瓣振幅值小，且尾部振幅衰减快，具有较高的分辨率。

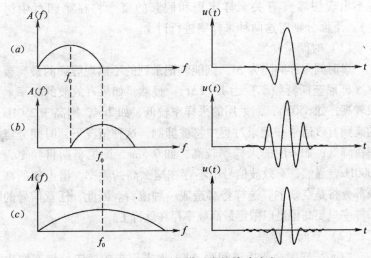

图 1-27　不同频带对应的脉冲响应

以上讨论说明：仅仅提高地震子波的主频，而其频带宽度较窄，依然不能提高地震记录的分辨率。只有在提高地震子波主频的同时，采取宽频带记录，方能取得较高的分辨率。因此可以认为，宽、高频的地震波具有较高的分辨率。从物理意义上来说，宽、高频信号更接近 $\delta(t)$ 脉冲，而 $\delta(t)$ 脉冲具有理想的分辨率，能够分辨任意薄的地层。

而事实上，任何地震记录的信号频带总是有限的。在数据采集和资料处理中，影响地震波的主频和频带宽度的因素很多，其主要有：震源频谱、大地滤波作用、检波器的固有频率、水平及垂直叠加次数、记录仪器的通频带以及数据处理方法等，这些问题将在以后章节分别进行讨论。

2. 采样率

采样率包括时间采样率和空间采样率，无论是在时间域进行采样，还是在空间域进行采样，采样间隔均应满足采样定理，才能不出现假频（有关采样定理和假频的概念将在第四章中讨论）。下面分别对这两种采样率进行讨论。

（1）时间采样率

设时间采样间隔为 Δt，则能够记录到的不出现假频的最高频率（即尼奎斯特频率）为 $1/(2\Delta t)$。显然，如果有效波的频率上限较高，如 350Hz，而采用的采样率较低，如 2ms，则高于 250Hz 的高频有效信号在记录过程中将被抑制，这种情况下，时间分辨率将降低；如采用的采样率较高，如 0.5ms，则尼奎斯将频率为 1000Hz，显然，有效波信号中不存在这么高的频率，谱上部的高频部分将是空缺的，这样势必造成一种浪费。因此，任意信号的采样率只要高得足以限定最高频率存在就行了。

（2）空间采样率

空间采样率一般指道间距 ΔX，地震记录的横向分辨率取决于采样的道间距。道间距越小，横向分辨率就越高。

在水平叠加时间剖面上，地震记录的横向分辨率依赖于第一菲涅尔带的大小。为了对反射层更好地进行采样，ΔX 应小于第一菲涅尔带的半径，一般情况下，在一个第一菲涅尔带内至少应包含 4 个共反射点。

第二章 浅层地震方法技术

第一节 共中心点瞬间基准面反射波法

当反射界面为水平面时（如图 2-1 所示），共中心点道集时距曲线方程可表示为：

$$t_i = \frac{\overline{O_i^* S_i}}{v} = \frac{1}{v} \sqrt{x_i^2 + (h_{oi} + h_{si} - 2h_r)^2} \qquad (2\text{-}1)$$

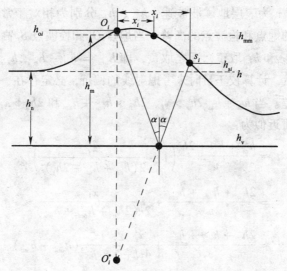

图 2-1 模型示意图

式中，t_i、x_i、h_{oi}、h_{si} 分别为共中心点道集第 i 道反射波走时、炮检距、炮点和检波点高程，h_r 为反射界面高程，v 为地震波波速。显然，当反射界面一定时，走时 t_i 与速度 v、炮检距 x_i、炮点和检波点高程 h_{oi} 和 h_{si} 有关。

一、水平基准面数学模型

当基准面为一固定的水平面（即水平基准面）时，通常将时距方程近似为：

$$\begin{cases} t_{ni} = \dfrac{1}{v}\sqrt{x_i^2 + 4h_n^2} + \Delta t_{nosi} \\ \Delta t_{nosi} = \Delta t_{oi} + \Delta t_{si} = \dfrac{h_{oni} + h_{sni}}{v_0} \end{cases} \quad (2\text{-}2)$$

式中，Δt_{nosi}、Δt_{oi}、Δt_{si} 分别为地形总静校正值、炮点和检波点静校正值，v_0 为表层地震波波速，h_{oni}、h_{sni} 分别为相对于常规水平基准面的炮点和检波点的高差，当炮点 O_i 和检波点 S_i 高于基准面时，h_{oni} 和 h_{sni} 取正，反之取负，即 $h_{oni} = h_{oi} - h_n$，$h_{sni} = h_{si} - h_n$。显然，计算校正量时未考虑射线的偏折，必定存在一定量的校正误差。当 $h_{oi} + h_{si} - 2h_r > x_i$、$2h_n > h_{oni} + h_{sni}$ 和 $2h_n > x_i$ 时，式（2-1）可近似为：

$$\begin{aligned} t_i &\approx \frac{h_{oi} + h_{si} + 2h_r}{v}\left(1 + \frac{x_i^2}{2(h_{oi} + h_{si} - 2h_r)^2}\right) \\ &= \frac{2h_n + h_{oni} + h_{sni}}{v} + \frac{x_i^2}{2v(2h_n + h_{oni} + h_{sni})} \\ &\approx \frac{2h_n + h_{oni} + h_{sni}}{v} + \frac{x_i^2}{4vh_n} - \frac{x_i^2}{8vh_n^2}(h_{oni} + h_{sni}) \\ &= t_{n0} + \Delta t_{ni} + \Delta t_{nosi} + \delta t_i \end{aligned} \quad (2\text{-}3)$$

式（2-2）可近似为：

$$t_{ni} = t_{n0} + \Delta t_{ni} + \Delta t_{nosi} \quad (2\text{-}4)$$

$$t_{n0} = \frac{2h_n}{v} \qquad \Delta t_{ni} = \frac{x_i^2}{2t_{n0}v^2} \qquad \Delta t_{nosi} = \frac{n_{oni} + h_{sni}}{v_0}$$

$$\delta t_i = -\frac{x_i^2}{8vh_n^2}(h_{oni} + h_{sni})$$

式中，h_n、t_{n0} 分别为相对于水平基准面而言的反射界面法线深度和回声时间，Δt_{ni} 为正常时差，Δt_{nosi} 为地形静校正量。显然，若速度分析时采用

$$\Delta t_n = \frac{1}{v}\sqrt{x_i^2 + 4h_n^2} + \frac{h_{oni} + h_{sni}}{v_0} - t_{n0} \qquad (2\text{-}5)$$

计算时差 Δt_n，将存在校正误差，即：

$$\delta t_i = \frac{x_i^2}{2t_{n0}^2v^3}(2h_n - h_{oi} - h_{si})$$

可见，校正误差 δt_i 与回声时间 t_{n0}、炮检距 x_i、炮点 h_{0i} 和检波点 h_{si}，以及水平基准面的位置有关。这就是在地形起伏较大的地区，基于水平基准面之上的地震勘探方法难以获得准确速度和高质量水平叠加时间剖面的主要原因。

二、共中心点瞬间基准面数学模型

若将过共中心点的水平面作为基准面，该基准面随地形的起伏和共中心点的变化而变化，故笔者称其为瞬间基准面。此时式 (2-1) 可写成如下形式：

$$\begin{cases} t_{mi} = t_i = \dfrac{1}{v}\sqrt{x_i^2 + (2h_m + h_{omi} + h_{smi})^2} \\[3mm] \qquad = \sqrt{\dfrac{x_i^2}{v^2} + \left(t_{m0} + \dfrac{h_{omi} + h_{smi}}{v}\right)^2} \qquad (2\text{-}6) \\[3mm] t_{m0} = \dfrac{2h_m}{v} \end{cases}$$

式中，h_{omi}、h_{smi} 分别为相对于瞬间基准面的炮点和检波点的高程差，当炮点 O_i 和检波点 S_i 高于此基准面时，h_{omi} 和 h_{smi} 取正，反之取负。h_m、t_{m0} 分别为相对于瞬间基准面而言的反射界面法线深度和回声时间。若速度分析和动校正叠加时，采用

$$\Delta t_m = \sqrt{\frac{x_i^2}{v^2} + \left(t_{m0} + \frac{h_{omi} + h_{smi}}{v}\right)^2} - t_{m0} \qquad (2\text{-}7)$$

计算时差 Δt_m，将不存在任何校正误差，从而消除地形起伏的影响，以达到提高地形起伏地区地震勘探的速度精度和水平叠加时间剖面质量的目的。

三、速度分析

水平和瞬间两种基准面方法在进行速度分析时，均选用平均振幅能量准则，即：

$$A(t_0, v_\sigma) = \sum_{k=0}^{K} \left[\frac{1}{N} \sum_{i=1}^{i=N} g(i, t + \Delta t_i + k\Delta t)\right]^2 \qquad (2\text{-}8)$$

式中　$g(i, t)$——第 i 道 t 时刻样值；

　　　N、K——分别为共中心点道集记录道数和时窗采样点数；

　　　Δt_i——时差，其值由式（2-5）或式（2-7）计算；

　　　$A(t_0, v_\sigma)$——某一 t_0 值扫描速度为 v_σ 时的平均振幅能量。

四、高保真动校正

在已知叠加速度场值的情况下，常规动校正方法是对共中心点道集中的每个叠加道的每个样值计算动校正量并相应搬动其位置。由于浅层动校正量大、深层动校正量小，因此，有一定延续度的地震反射子波经过动校正后被拉伸造成畸变。而高保真动校正方法是首先统计地震反射子波的个数、时窗及各个子波峰值对

应的时间，然后计算峰值对应的动校正量，按此动校正量对地震子波进行整体搬家，这样就避免了因一个子波内各个样值的动校正量不同造成的拉伸畸变现象。

五、映像法中垂直裂缝数学模型

所谓映像法是一种采用等偏移距或零偏移距进行激发和接收，记录来自反射界面近法线或法线反射信号的振幅和走时的浅层地震反射法。对于水平和倾斜裂缝而言，波的传播旅行时间可表示为：

$$t = \frac{1}{v} \sqrt{x_0^2 + 4(h\cos\alpha)^2}$$

式中　x_0——偏移距；

　　　h——真深度；

　　　v——波在介质中的传播速度；

　　　α——倾斜裂缝的视倾角。

当偏移距 x_0 很小时，即可视为自激自收时，有：

$$t \approx \frac{2h\cos\alpha}{v}$$

当偏移距 $x_0 \neq 0$ 时，必须作等偏移距正常时差校正，其校正量为：

$$\begin{cases} \Delta t_N = \frac{1}{v} \sqrt{x_0^2 + 4(h\cos\alpha)^2} - \frac{2h\cos\alpha}{v} \approx \frac{x_0^2}{2t_0 v^2} \\ t_0 = \frac{2h\cos\alpha}{v} \end{cases}$$

式中　t_0——法线回声时间。

而对于垂直裂缝而言，如图 2-2 所示（NM 代表垂直裂缝），由几何关系有：

$$\tan\beta = \frac{h_i}{x_i} = \frac{h - h_i}{x_P}$$

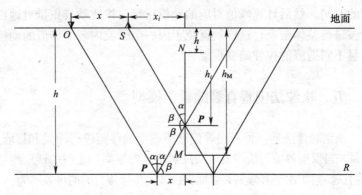

图 2-2 等偏移距映像原理示意图

则
$$x_P = \frac{(h - h_i)x_i}{h_i} \tag{2-9}$$

$$\tan \alpha = \frac{x_i}{h_i} = \frac{x_0 + x_i - x_P}{h} = \frac{(x_0 + x_i)h_i - (h - h_i)x_i}{hh_i}$$

则
$$h_i = \frac{2hx_i}{2x_i + x_0} \tag{2-10}$$

显然，当偏移距 $x_0 = 0$ 时，即自激自收时，有 $h_i = h$。此时，无垂直裂缝反射，说明仅当偏移距 x_0 不为零时，才能得到垂直裂缝的反射。因此，实际探测时必须采用偏移距 x_0 不为零的等偏移距映像法进行探测，否则不能对垂直裂缝进行有效检测。将式（2-10）代入式（2-9），得：

$$x_P = \frac{(h - h_i)x_i}{h_i} = \frac{x_0}{2} \tag{2-11}$$

可见，不管激发和接收点处于什么位置，裂缝的反射在水平界面上的反射点均与激发和接收点同侧，且距垂直裂缝 1/2 偏移距处。于是，在实际探测中必须适当选择偏移距 x_0，以便有效从事垂直裂缝的探测。

垂直裂缝的反射时间可表示为：

$$t = \frac{1}{v} \left(\frac{h}{\cos\alpha} + \frac{h - h_i}{\cos\alpha} + \frac{h_i}{\cos\alpha} \right)$$

$$= \frac{2h}{v} \sqrt{1 + \tan^2\alpha}$$

$$= \frac{1}{v} \sqrt{(2x_i + x_0)^2 + 4h^2}$$

为双曲线。从而垂直裂缝两侧的反射同相轴构成似"八"字形，这是判别是否存在垂直裂缝的标志特征和依据。

式（2-10）可写成 $\quad x_i = \dfrac{x_0 h_i}{2(h - h_i)}$

当 $h_i = h_N$ 时，有 $\qquad x_N = \dfrac{x_0 h_N}{2(h - h_{Ni})}$ $\hfill (2-12)$

当 $h_i = h_N$ 时，有 $\qquad x_M = \dfrac{x_0 h_M}{2(h - h_{Mi})}$ $\hfill (2-13)$

式中 $\quad h_N$、h_M——分别为垂直裂缝顶底端点的埋深。

因此，仅在 $x_N \sim x_M$ 之间可接收到垂直裂缝的反射，否则只能接收到垂直裂缝两端点的绕射。

垂直裂缝两端点绕射波时距曲线方程可表示为：

N 点 $\quad t_N = \dfrac{1}{v} \left(\sqrt{(x_i + x_0)^2 + h_N^2} + \sqrt{x_i^2 + h_N^2} \right)$

M 点 $\quad t_M = \dfrac{1}{v} \left(\sqrt{(x_i + x_0)^2 + h_M^2} + \sqrt{x_i^2 + h_M^2} \right)$

第二节 相邻道瞬态瑞雷波法

一、多层介质中的瑞雷波

1. 任意层内瑞雷波位移的表达式

假定多层介质为 x-z 半空间（见图 2-3），由 n 层水平层状介质构成，第 m 层的参数分别为密度 ρ_m、厚度 h_m、拉梅常数 λ_m、剪切模量 μ_m、纵波速度 v_{Pm}、横波速度 v_{Sm} 和瑞雷波速度 v_R （见图 2-3），此时位移分量为：

$$\begin{cases} U_x = \dfrac{\partial \varphi}{\partial x} - \dfrac{\partial \psi}{\partial z} \\ U_z = \dfrac{\partial \varphi}{\partial z} + \dfrac{\partial \psi}{\partial x} \end{cases} \tag{2-14}$$

式中 U_x，U_z——分别为 x 和 z 方向的位移；

φ，ψ——分别为纵波和横波的位函数。

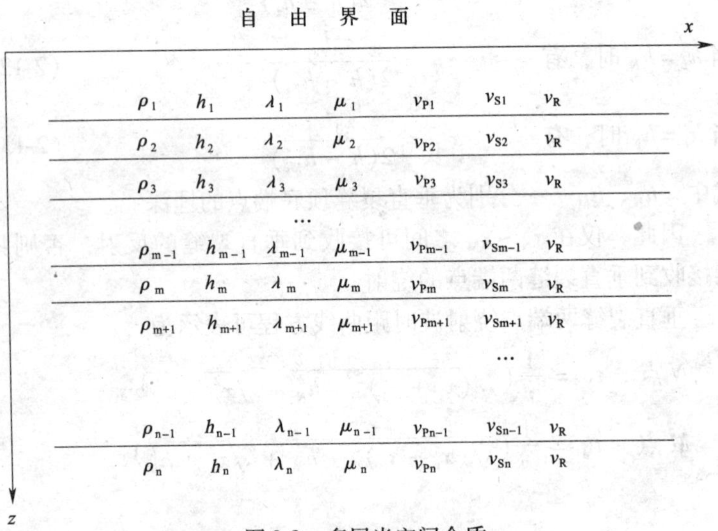

自 由 界 面

ρ_1	h_1	λ_1	μ_1	v_{P1}	v_{S1}	v_R
ρ_2	h_2	λ_2	μ_2	v_{P2}	v_{S2}	v_R
ρ_3	h_3	λ_3	μ_3	v_{P3}	v_{S3}	v_R
			$\cdots$			
ρ_{m-1}	h_{m-1}	λ_{m-1}	μ_{m-1}	v_{Pm-1}	v_{Sm-1}	v_R
ρ_m	h_m	λ_m	μ_m	v_{Pm}	v_{Sm}	v_R
ρ_{m+1}	h_{m+1}	λ_{m+1}	μ_{m+1}	v_{Pm+1}	v_{Sm+1}	v_R
			$\cdots$			
ρ_{n-1}	h_{n-1}	λ_{n-1}	μ_{n-1}	v_{Pn-1}	v_{Sn-1}	v_R
ρ_n	h_n	λ_n	μ_n	v_{Pn}	v_{Sn}	v_R

图 2-3　多层半空间介质

纵波体膨胀系数 Δ_m 和横波角位移 W_m 为：

$$\begin{cases} \Delta_m = \dfrac{\partial U_x}{\partial x} + \dfrac{\partial U_z}{\partial z} \\ W_m = \dfrac{1}{2}\left(\dfrac{\partial U_x}{\partial z} - \dfrac{\partial U_z}{\partial x} \right) \end{cases} \tag{2-15}$$

其通解可写成如下形式:

$$
\begin{cases}
\Delta_m = (A_{1m}e^{-ikr_{\alpha m}z} + A_{2m}e^{ikr_{\alpha m}z})e^{i(\omega t - kx)} \\
W_m = (B_{1m}e^{-ikr_{\beta m}z} + B_{2m}e^{ikr_{\beta m}z})e^{i(\omega t - kx)} \\
\gamma_{\alpha m} = \begin{cases}
\sqrt{\left(\dfrac{v_R}{v_{Pm}}\right)^2 - 1} & v_R > v_{Pm} \\
-i\sqrt{1 - \left(\dfrac{v_R}{v_{Pm}}\right)^2} & v_R < v_{Pm}
\end{cases} \\
\gamma_{\beta m} = \begin{cases}
\sqrt{\left(\dfrac{v_R}{v_{Sm}}\right)^2 - 1} & v_R > v_{Sm} \\
-i\sqrt{1 - \left(\dfrac{v_R}{v_{Sm}}\right)^2} & v_R < v_{Sm}
\end{cases}
\end{cases}
\tag{2-16}
$$

式中圆频率 $\omega = 2\pi f$, A_{1m}、A_{2m}、B_{1m} 和 B_{2m} 为常数。结合式 (2-14)、式 (2-15) 和

$$
\begin{cases}
\nabla^2\varphi = \dfrac{1}{v_P^2}\dfrac{\partial^2\varphi}{\partial t^2} \\
\nabla^2\psi = \dfrac{1}{v_S^2}\dfrac{\partial^2\psi}{\partial t^2}
\end{cases}
$$

则位移表达式可写为:

$$
\begin{cases}
U_{xm} = -\left(\dfrac{v_{Pm}}{\omega}\right)^2\dfrac{\partial\Delta_m}{\partial x} - 2\left(\dfrac{v_{Sm}}{\omega}\right)^2\dfrac{\partial W_m}{\partial z} \\
U_{zm} = -\left(\dfrac{v_{Pm}}{\omega}\right)^2\dfrac{\partial\Delta_m}{\partial z} + 2\left(\dfrac{v_{Sm}}{\omega}\right)^2\dfrac{\partial W_m}{\partial x}
\end{cases}
\tag{2-17}
$$

由式 (2-16) 和式 (2-17),略去 $e^{j(\omega t - kx)}$ 因子,并将含有 ikrz 因子的指数函数改为三角函数,可得:

$$\begin{cases} \dfrac{U_{xm}}{v_R} = -\left(\dfrac{v_{Pm}}{v_R}\right)^2 \Big[\,(A_{1m} + A_{2m})\cos kr_{\alpha m}z \\[2mm] \qquad\quad - i\,(A_{1m} - A_{2m})\sin kr_{\alpha m}z\,\Big] \\[2mm] \qquad\quad - r_m r_{\beta m}\big[(B_{1m} - B_{2m})\cos kr_{\beta m}z - i\,(B_{1m} + B_{2m})\sin kr_{\beta m}z\big] \\[3mm] \dfrac{U_{zm'}}{v_R} = -\left(\dfrac{v_{Pm}}{v_R}\right)^2 r_{\alpha m}\big[-i\,(A_{1m} + A_{2m})\sin kr_{\alpha m}z \\[2mm] \qquad\quad + (A_{1m} - A_{2m})\cos kr_{\alpha m}z\,\big] \\[2mm] \qquad\quad + r_m\big[-i\,(B_{1m} - B_{2m})\sin kr_{\beta m}z + (B_{1m} + B_{2m})\cos kr_{\beta m}z\big] \\[3mm] r_m = 2\left(\dfrac{v_{sm}}{v_R}\right)^2 \end{cases}$$

$$(2\text{-}18)$$

上式为第 m 层内瑞雷面波位移的表达式。

2. 瑞雷面波的频散函数

为了计算方便，现对式（2-18）做如下变换。在 U_{xm}/v_R 和 U_{zm}/v_R 两式两边同乘以 v_R^2，并且令

$$A_m = -v_{pm}^2(A_{1m} + A_{2m}) \qquad B_m = -v_{pm}^2(A_{1m} - A_{2m})$$
$$C_m = -2v_{sm}^2(B_{1m} - B_{2m}) \qquad D_m = -2v_{sm}^2(B_{1m} + B_{2m})$$
$$p_m = kr_{\alpha m}(z - z_{m-1}) \qquad Q_m = kr_{\beta m}(z - z_{m-1})$$

于是式（2-18）可写成如下形式：

$$\begin{cases} v_R U_{xm} = \cos P_m A_m - i\sin P_m B_m + r_{\beta m}\cos Q_m C_m - ir_{\beta m}\sin Q_m D_m \\ v_R U_{zm} = -ir_{\alpha m}\sin P_m A_m + r_{\alpha m}\cos P_m B_m + i\sin Q_m C_m - \cos Q_m D_m \end{cases}$$

$$(2\text{-}19)$$

对于自由表面，$z = z_0 = 0$，$P_0 = Q_0 = 0$，则式（2-19）中的后两式可以简化为：

$$\begin{cases} -\rho_1(r_1 - 1)A_0 - \rho_1 r_1 r_{\beta 1}C_0 = 0 \\ \rho_1 r_1 r_{\alpha 1}B_0 - \rho_1(r_1 - 1)D_0 = 0 \end{cases} \qquad (2\text{-}20)$$

如取 $(A_0, \ B_0, \ C_0, \ D_0)^T$ 为向量，则式（2-20）的系数可表示为如下 2×4 矩阵：

$$I^{(0)} = \begin{bmatrix} -\rho_1(r_1-1) & 0 & \rho_1 r_1 r_{\beta 1} & 0 \\ 0 & \rho_1 r_1 r_{\alpha 1} & 0 & -\rho_1(r_1-1) \end{bmatrix} \quad (2\text{-}21)$$

对于内部任意 m 界面，在 m 层中的边界条件由式（2-20）给出，而在第 $m+1$ 层中的边界参数，只需将式（2-20）中的下标 m 换成 $m+1$，并且注意到在第 $m+1$ 界面外 $z-z_m=0$，故有：

$$\begin{cases} v_R U_{xm+1} = A_{m+1} - r_{\beta m+1} C_{m+1} \\ v_R U_{zm+1} = -D_{m+1} + r_{\alpha m+1} B_{m+1} \end{cases}$$

由于在第 m 层界面处，位移的连续条件，将式（2-19）和式（2-20）联立，可得一齐次方程，方程形式如下：

$$I^{(m)} Y^{(m)} = 0$$

$$I^{(m)} = \begin{bmatrix} \cos P_m & i\sin P_m & r_{\beta m}\cos Q_m & -ir_{\beta m}\sin Q_m \\ -ir_{\alpha m}\sin P_m & r_{\alpha m}\cos P_m & i\sin Q_m & -\cos Q_m \\ \rho_m(r_m-1)\cos P_m & -i\rho_m(r_m-1)\sin P_m & \rho_m r_m r_{\beta m}\cos Q_m & -i\rho_m r_m r_{\beta m}\sin Q_m \\ i\rho_m r_m r_{\alpha m}\sin P_m & -\rho_m r_m r_{\alpha m}\cos P_m & -i\rho_m(r_m-1)\sin Q_m & \rho_m(r_m-1)\cos Q_m \\ -1 & 0 & r_{\beta m+1} & 0 \\ 0 & -r_{\alpha m+1} & 0 & 1 \\ -\rho_{m+1}(r_{m+1}-1) & 0 & \rho_{m+1}r_{m+1}r_{\beta m+1} & 0 \\ 0 & \rho_{m+1}r_{m+1}r_{\alpha m+1} & 0 & -\rho_{m+1}(r_{m+1}-1) \end{bmatrix} \quad (2\text{-}22)$$

式中：$D_m = kr_{\alpha m}h_m$　　$Q_m = kr_{\beta m}h_m$

$$Y^{(m)} = \begin{bmatrix} A_m & B_m & C_m & D_m & A_{m+1} & B_{m+1} & C_{m+1} & D_{m+1} \end{bmatrix}^T \quad (2\text{-}23)$$

对于第 n 层保证瑞雷面波振幅随深度衰减，所以 $A_{2n} = B_{2n} = 0$，$A_n = B_n$，$C_n = D_n$，得到第 $n-1$ 界面子矩阵为 4×6 形式：

$$I^{(n-1)} = \begin{bmatrix} \bullet & \bullet & \bullet & \bullet & -1 & -r_{\alpha n} \\ \bullet & \bullet & \bullet & \bullet & -r_{\alpha n} & 1 \\ \bullet & \bullet & \bullet & \bullet & -\rho_n(r_n-1) & -\rho_n r_n r_{\beta n} \\ \bullet & \bullet & \bullet & \bullet & \rho_n r_n r_{\alpha n} & -\rho_n(r_n-1) \end{bmatrix} \quad (2\text{-}24)$$

$\cap^{(n-1)}$中前四列元素与$\cap^{(m)}$中的前四别元素形式完全相同，只需将有关的下标m改为$n-1$即可。

对于n层介质，一共有$n-1$个界面和一个自由表面，共有$4\times(n-1)+2=4n-2$个边界条件，由$4n-2$个边界条件组成$4n-2$个齐次方程。假定用向量

$$P = (A_1 B_1 C_1 D_1 A_2 \cdots A_n C_n)^{\mathrm{T}} \qquad (2\text{-}25)$$

表示，对于给定的频率，如果存在解，即向量P为非零向量，由克莱姆法则知道，由$4n-2$个边界条件所建立的齐次线性方程组所成的行列式〔用$F(\omega, V_R)$表示〕的值必为零，即有：

$$F(\omega,V_R) = \begin{bmatrix} [\text{自由界面}\,2\times 4] \\ [\text{第一界面}\,4\times 8] \\ [\text{第二界面}\,4\times 8] \\ \bullet\,\bullet\,\bullet \\ [\text{第}\,m\,\text{界面}\,4\times 8] \\ [\text{第}\,m+1\,\text{界面}\,4\times 8] \\ \bullet\,\bullet\,\bullet \\ [\text{第}\,n-2\,\text{界面}\,4\times 8] \\ [\text{第}\,n-1\,\text{界面}\,4\times 6] \end{bmatrix} = 0 \qquad (2\text{-}26)$$

行列式$F(\omega, V_R)$是瑞雷面波关于ω和v_R的函数，称为多层介质中瑞雷面波的频散函数。

二、瞬态瑞雷波的提取方法

从瞬态记录中所提取的瑞雷面波的真实性，决定了探测结果的正确性；提取瑞雷面波时所采用的方法决定了其探测分辨率和精度。

1. 二维视速度滤波法

该方法是当前国内外常用的从瞬态记录中提取瑞雷面波的方

法，它是利用瑞雷面波与直达波、声波和反射波等规则波之间存在明显的视速度差异的特性来提取瑞雷面波。二维视速度滤波原理是建立在二维傅里叶变换基础上的。沿地面直测线观测到的地震波动 g（t，x）是一个随时间和空间变化的波，通过二维正、反傅里叶变换得到其频率波数谱 G（ω，k_x）和频波谱的时空函数。

$$
\begin{cases}
G(\omega, k_x) = \dfrac{1}{2\pi} \int_{-\infty}^{\infty} \int_{-\infty}^{\infty} g(t,x) e^{-i(\omega t - k_x x)} \, \mathrm{d}t \mathrm{d}x \\[2mm]
g(t,x) = \dfrac{1}{2\pi} \int_{-\infty}^{\infty} \int_{-\infty}^{\infty} G(\omega, k_x) e^{i(\omega t - k_x x)} \, \mathrm{d}\omega \mathrm{d}k_x \\[2mm]
k_x = \dfrac{f}{v^*}
\end{cases}
$$

上式说明，g（t，x）是由无数个圆频率为 $\omega = 2\pi f$、波数为 k_x 的平面简谐波所组成，它们沿测线以视速度 v^* 传播。

如果瑞雷面波和其他规则波的平面简谐波成分有差异，瑞雷面波平面简谐波成分与其他规则波的平面简谐波成分的视速度分布如图 2-4 所示，则可利用二维视速度滤波将瑞雷面波提取出来。

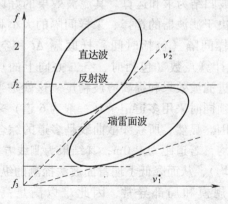

图 2-4　频谱分布示意图

二维线性滤波器的性质由其时间－空间特性 $h(t,x)$ 或频率－波数特性 $H(\omega,k_x)$ 所确定。在时间－空间域中，二维滤波由输入信号 $g(t,x)$ 与滤波算子 $h(t,x)$ 的二维褶积运算实现，在频率－波数域中，由输入信号的谱 $G(\omega,k_x)$ 与滤波器的频率波数特性 $H(\omega,k_x)$ 相乘来完成。

$$\begin{cases} \overline{y}(t,x) = \displaystyle\int_{-\infty}^{\infty}\int_{-\infty}^{\infty} g(\tau,\zeta)h(t-\tau,x-\zeta)\mathrm{d}\tau\,\mathrm{d}\zeta \\ \qquad\quad = g(t,x)\cdot h(t,x) \\ \overline{Y}(\omega,k_x) = G(\omega,k_x)\cdot H(\omega,k_x) \end{cases} \qquad (2\text{-}27)$$

由于地震观测的离散性和排列长度的有限性，必须用有限个（N 个）记录道的求和来代替对空间坐标的积分。

$$\overline{y}(n\Delta t,m\Delta x) = \sum_{i=-N}^{N}\sum_{k=-M}^{M} h(i\Delta t,k\Delta x)g((n-i)\Delta t,(m-k)\Delta x)$$

$$(2\text{-}28)$$

式中　n,m——分别为结果采样点号和道号；

　　　$\Delta t,\Delta x$——分别为时间和空间采样间隔；

　　　N,M——分别为时间和空间窗口大小。

二维滤波归结为求和运算。其滤波效果的好坏和精度的高低，主要取决于滤波器的选择、采样间隔的大小和点数，通常采用减小采样间隔（包括时间采样间隔 Δt 和空间采样间隔 Δx）和增大计算点数（包括时、空二方向上的点数 N 和 M）的办法，改进滤波效果和提高滤波精度。这就是当前的常规瑞雷面波法必须同时采用多道记录（一般为 6 道）来获取频散曲线的主要原因。显然，所获频散曲线是多道的综合效应（即多道的加权平均，若道距为 1.0m，其结果为测线方向 5.0m 范围内的加权平均），从而降低了瑞雷面波法探测的纵横向分辨率，无法探测小规模和局部异常，因此难以满足高精度探测的要求。

2. $\tau - p$ 变换法

$\tau - p$ 变换是将 $t - x$ 域的地震记录信息变换到它们的截距（τ）斜率（p）域。在 $t - x$ 域重叠交叉的一些波可以彼此分离。瑞雷面波和其他规则波各自具有不同的视速度 v^*（即 p 值不同，$p = 1/v^*$），也就是说它们各自处于不同的 p 值区间。因此，将地震记录经 $\tau - p$ 变换后，再进行保留瑞雷面波，切除其他波处理，然后反变换回 $t - x$ 域，就可达到提取瑞雷面波的目的。

由 $t - x$ 域变换到 $\tau - p$ 域，从数学上相当于做了一次坐标变换，其关系如下：

$$t = \tau + px \tag{2-29}$$

或

$$\tau = t - px \tag{2-30}$$

对瑞雷面波而言，其时距曲线方程为：

$$t = x / v_R$$

则

$$p = \mathrm{d}t / \mathrm{d}x = 1 / v_R$$

由此可见，在 $t - x$ 域内为直线的瑞雷面波，在 $\tau - p$ 域内变为一个点。同理，在 $t - x$ 域内为直线的直达波、声波和折射波，在 $\tau - p$ 域内也为一个点，但各自具有不同的 p 值。

而对水平层反射波而言，其时距曲线方程为：

$$t = \frac{1}{v} \sqrt{x^2 + 4h^2}$$

则

$$\begin{cases} \tau^2 = t_0^2 (1 - p^2 v^2) \\ t_0 = 2h/v \end{cases} \tag{2-31}$$

或

$$\frac{\tau^2}{t_0^2} + \frac{p^2}{(1/v)^2} = 1 \tag{2-32}$$

可见，在 $t-x$ 域内为双曲线的反射波，在 $\tau-p$ 域内变为椭圆，其长半轴为 $1/v$，短半轴为 t_0，如图2-5所示。

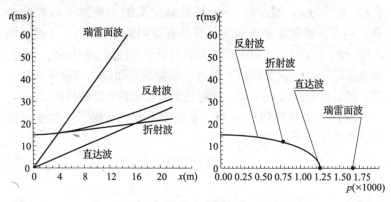

图2-5　$t-x$ 域和 $\tau-p$ 域内各位置示意图

瑞雷面波、直达波和声波都从震源出发，它们的时距曲线在 t 轴的截距为零，即 $\tau=0$；因此，它们都在 $\tau=0$ 的 p 轴上。由于直达波时距曲线在无限远处与同一界面的反射波时距曲线相切，即在该处具有相同的斜率（p 值），故直达波与反射波在 p 轴上共点。而瑞雷面波时距曲线因斜率大于直达波时距曲线，故 p 值大，它的点位于椭圆之外。折射波时距曲线由于与同一界面的反射波时距曲线相切，它的点位于椭圆上与临界角对应的 p 值处。

$\tau-p$ 变换的实现归结于倾斜叠加，在时间－空间域中地震信号 $g(t,x)$ 经 $\tau-p$ 变换后的输出 $y(\tau,p)$ 为：

$$y(j\Delta\tau, k\Delta p) = \sum_{i=1}^{N} g(j\Delta\tau + k\Delta p \cdot i\Delta x, i\Delta x) \qquad (2-33)$$

式中　　　　　N——记录道数；

$\Delta\tau$、Δp 和 Δx——分别为截距、斜率的采样间隔和道距。

经 $\tau-p$ 域中的切除后，再作 $\tau-p$ 反变换即可获得瑞雷面记

录 $f(t,\ x)$，其数学模型为：

$$f(j\Delta t,i\Delta x) = \sum_{k=0}^{M} y\ (j\Delta t - k\Delta p \cdot i\Delta x, k\Delta p) \qquad (2\text{-}34)$$

式中　M——斜率采样点数；

　　　Δt——记录时间采样间隔，通常取 $\Delta\tau = \Delta t$。

在记录时间采样间隔一定的情况下，$\tau - p$ 正、反变换的效果和精度主要取决于斜率采样间隔 Δp（处理时可根据需要任意选取），基本上与地震记录道数 N 无关（N 只要大于或等于 2 即可）。显然，该方法提取瑞雷面波可进行相邻两道频散曲线的计算，所获频散曲线是相邻两道之间的综合效应（若道距为 1.0m 时，其结果为测线方向 1.0m 范围内的平均）。从而克服了常规二维滤波法多道加权平均、无法探测小规模和局部异常的不足，大大提高了瑞雷面波法探测的纵横向分辨率，可满足高精度探测的要求，并且可减小道距来进一步提高横向分辨率。

3. 小波变换方法

它类似于傅立叶时频分析方法，傅立叶时频分析方法是将时域信号分解为不同频率、不同振幅、不同初相位的谐波，而小波变换方法是将时域信号分解为不同主频、不同振幅、不同时移的某种小波，它具有变焦性质。当共炮点地震记录的面波带中含有反射波等体波时，可以根据它们与面波的视速度差异，采用 $\tau - p$ 变换方法去掉这些高视速度干扰波，保留有效的低视速度面波。当用面波勘探方法检测横向突变介质时，$\tau - p$ 变换方法会减弱这种突变性。针对介质横向突变情况，可以根据面波与其他干扰波的频率和振幅差异，采用小波变换的小波系数阈值判断方法将它们分离开来。通常来讲，面波带内的反射波等体波的主频较高，在该频带范围内也有面波的存在，但面波的振幅要比反射波等体波的振幅小。因此，可以采用阈值判断方法保留该频带内的小阈值面波，实现分离提取面波的目的。

（1）小波分析的引入

小波变换（Wavelet Transform-WT），是一种信号的时间－尺度（时间－频率）分析方法，它具有多分辨率分析（Multiresolution analysis）的特点，而且在时、频两域都具有表征信号局部特征的能力，是一种窗口大小固定不变但其形状可以改变，时间窗和频率窗都可以改变的时频局部化分析方法。如图2-6所示，在低频部分具有较高的频率分辨率和较低的时间分辨率，在高频部分具有较高的时间分辨率和较低的频率分辨率，很适合于探测正常信号中夹带的瞬态反常现象并展示其成分，所以被誉为分析信号的显微镜。

窗口傅立叶变换属于时（空）间－频率分析法，小波变换是一种新的时（空）－频分析法。所谓"新"是指：

1）与传统傅立叶分析法不一样，本方法不考察"单频率"的波，而是考察频率划分为连续"倍频程"（或频带）的波。在短时傅立叶变换中，变换系数 $s(w, \tau)$ 主要依赖于信号在 $[\tau - \delta, \tau - \delta]$ 片段中的情况，时间宽度 2δ 是定值（因为 δ 是与窗函数 $g(t)$ 唯一确定，所以 2δ 是一个定值）。在小波换中，变换系数 $W_f(a, b)$ 主要依赖于信号在片段 $[b - a\Delta\psi, b + \Delta\psi]$ 中的情况，时间宽度是 $2a\Delta\psi$，该时间宽度是随尺度 a 变化而变化的，所以小波变换具有时间局部分析能力，也即具有所谓的"数字显微镜"的功效，如图2-6所示。

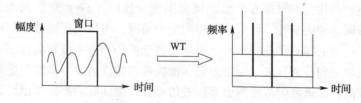

图2-6 小波变换方法及其分辨率

2）本方法是窗口大小不变但形状可变的时－频局部化分析技术，它能克服窗口傅立叶变换存在的缺陷。本方法叫"时（空）间－尺度"法，即小波变换。

（2）小波变换的定义

定义：若函数 $\psi(t) \in L^1 \cap L^2$ 满足下式：

$$C_\psi = \int_{R^*} \frac{|\hat{\psi}(w)|^2}{|w|} \mathrm{d}w < \infty \tag{2-35}$$

令 $$\psi_{a,b}(t) = |a|^{-\frac{1}{2}} \psi\left(\frac{t-b}{a}\right) \tag{2-36}$$

式中 a——伸缩因子；

b——平移因子；

$\psi(t)$——小波函数。

则函数 $f(t) \in L^2$ 的小波变换定义为：

$$W_f(a,b) = <f, \psi_{a,b}> = |a|^{-\frac{1}{2}} \int_R f(t) \hat{\psi}\left(\frac{t-b}{a}\right) \mathrm{d}t \tag{2-37}$$

其相应的反变换公式为：

$$W_f(a,b) = <f, \psi_{a,b}> = |a|^{-\frac{1}{2}} \int_R f(t) \hat{\psi}\left(\frac{t-b}{a}\right) \mathrm{d}t \tag{2-38}$$

（3）连续小波变换

约定一尺度函数写成 $\phi(t)$（时间域）和 $\phi(w)$（频率域）；小波函数写成 $\psi(t)$（时间域）和 $\psi(w)$（频率域）。考虑平方可积的函数空间 $L^2(R)$，它是定义在整个实数轴 R 上的，满足要求，

$$\int_{-\infty}^{+\infty} |f(t)|^2 \mathrm{d}t < \infty \tag{2-39}$$

的可测函数 $f(t)$ 的全体组成的集合，并带有相应的函数运算和内积。工程上常常说成是能量有限的全体信号的集合。

小波（基本小波或母小波（Mother Wavelet））就是函数空间 $L^2(R)$ 中满足下述条件的一个函数或者信号 $\psi(t)$：

$$C_\psi = \int_{R*} \frac{|\hat{\psi}(w)|^2}{|w|} \mathrm{d}w < \infty \qquad (2\text{-}40)$$

这里，$R^* = R - \{0\}$ 表示非零实数全体。有时，$\psi(t)$ 也称为小波函数，或称母小波，式（2-40）称为容许性条件（Admissible Condition），满足式（2-40）的小波函数 $\psi(t)$ 也叫允许小波。对于任意的实数对 (a, b)，其中，参数 a 必须为非零实数，称如下形式的函数

$$\psi_{a,b}(t) = |a|^{-\frac{1}{2}} \psi\left(\frac{t-b}{a}\right) (a, b \in R; a \neq 0) \qquad (2\text{-}41)$$

为连续小波，它是由小波母函数 $\psi(t)$ 经伸缩和平移后生成的依赖于参数 (a, b) 的连续小波函数序列（小波序列），简称为小波。

其中：

1）式（2-41）中 a 为伸缩因子，b 为平移因子，若应用领域不同，可以选择不同的参数 a, b。如果小波母函数 $\psi(t)$ 的 Fourier 变换 $\hat{\psi}(w)$ 在原点 $w = 0$ 是连续的，那么，式（2-40）说明，$\hat{\psi}(0) = 0$

即 $$\hat{\psi}(0) = \int_R \psi(t)\mathrm{d}t = 0$$

这说明函数 $\psi(t)$ 有"波动"的特点，另外，式（2-39）又说明，小波函数 $\psi(t)$ 只有在原点的附近时，它的波动才会明显偏离水平轴，在远离原点的地方，函数值将迅速"衰减"为零，整个波动趋于平静。这是称函数 $\psi(t)$ 为"小波"函数的基本原因。

2）对于任意的参数对 (a, b)，显然有：

$$\int_R \psi_{a,b}(t)\mathrm{d}t = 0$$

但是，这里 $\psi_{a,b}(t)$ 却是在 $t = b$ 附近存在明显的波动，而

且，有明显波动的范围的大小完全依赖于参数 a 的变化。当 $a =$ 1 时，这个范围和原来的小波函数 $\psi(t)$ 的范围是一致的；当 $a >$ 1 时，这个范围比原来的小波函数 $\psi(t)$ 的范围要大一些，小波的波形变矮、变胖，而且，当 a 变得越来越大时，小波的波形变得越来越胖、越来越矮，整个函数的形状表现出来的变化越来越缓慢；当 $0 < a < 1$ 时，$\psi_{a,b}(t)$ 在 $t = b$ 的附近存在明显波动的范围比原来的小波母函数 $\psi(t)$ 的要小，小波的波形变得尖锐而消瘦。

3）设初始伸缩系数为 a_0，当 $a > a_0$ 时，式（2-41）中 $\psi_{a,b}(t)$ 的时间窗口变大；当 $a < a_0$ 时，则时间窗口变小，窗的高度增加，但窗口面积大小不变（b 一定时）。以上体现了小波的"变焦"能力。

为了使信号分解（Decomposition）及重构（Reconstruction）的实现在数值上是稳定的，要求小波基函数 $\psi(t)$ 应该满足下面的约束条件：

① $\int_{-\infty}^{+\infty} |\psi(t)| \mathrm{d}t < \infty$ ；

② $\hat{\psi}(w)$ 在原点必须等于 0，即 $\hat{\psi}(0) = \int_{-\infty}^{+\infty} \psi(t) \mathrm{d}t = 0$；

③ $A \leqslant \sum_{-\infty}^{+\infty} |\hat{\psi}(2^{-j}w)|^2 \leqslant B$，$(0 < A \leqslant B < \infty)$。

对于任意的函数或者信号 $f(t) \in L^2(R)$，用小波函数集 $\{\psi_{a,b}(t)\}$ 进行分解运算，其连续小波变换为：

$$W_{\mathrm{f}}(a,b) = <f, \psi_{a,b}> = |a|^{-\frac{1}{2}} \int_R f(t) \hat{\psi}\left(\frac{t-b}{a}\right) \mathrm{d}t \quad (2\text{-}42)$$

式中，$\langle .. \rangle$ 为内积，$\hat{\psi}$ 是 ψ 的共扼，W 表示小波变换。因此，对任意的函数 $f(t)$，它的小波变换是一个二元函数。这是和 Fourier 变换很不相同的地方。另外，因为小波母函数 $\psi(t)$ 只有在原点附近才会有明显偏离水平轴的波动，在远离原点的地方，函数值将迅速衰减为零，整个波动趋于平静。所以，对于任意的参数对 (a,b)，小波函数 $\psi_{a,b}(t)$ 在 $t=b$ 的附近存在明显的波动，远离 $t=b$ 的地方将迅速地衰减到零。因而，从形式上可以看出，式（2-42）的数值 $W_f(a,b)$ 表明的本质上是原来的函数或者信号 $f(t)$ 在 $t=b$ 点附近按 $\psi_{a,b}(t)$ 进行加权的平均，体现的是以 $\psi_{a,b}(t)$ 为标准快慢的 $f(t)$ 的变化情况。这样，参数 b 表示分析的时间中心或时间点，而参数 a 体现的是以 $t=b$ 为中心的附近范围的大小。所以，一般称参数 a 为尺度参数，而参数 b 为时间中心参数。

由定义可知，信号的连续小波变换是基本小波经平移、伸缩、复共轭后与信号的互相关。一般基本小波选为其有限支撑集或衰减较快的函数，由 Fourier 变换理论知，伸缩系数 a 很小时，$\psi_{a,b}(t)$ 有小的时域支撑集，有效频谱宽，此时 $W_f(a,b)$ 反映了信号的局部细致特征，即信号时域总体分布。

与 Fourier 变换类似，小波变换也有逆变换（重构）公式，即：

$$f(t) = \frac{1}{C_\psi} \int_{-\infty}^{+\infty} \int_{-\infty}^{+\infty} W_f(a,b)\psi_{a,b}(t) \frac{\mathrm{d}a\mathrm{d}b}{a^2} \qquad (2\text{-}43)$$

（4）离散小波变换

工程应用中所采集的信号（如位移量、压力、电压电荷量），都是有限长的离散信号。在实际信号处理中，出于数值计算的可行性和理论分析的简便性考虑，对连续小波 $\psi_{a,b}(t)$ 和连续小波变换 $W_f(a,b)$ 加以离散化处理。这一离散化都是针对连续的尺度参数 a 和连续的平移参数 b 的，而不是针对时间变量 t 的。

把连续小波变换式（2-42）中尺度参数 a 和平移参数 b 的离散化分别取作 $a=a_0^j, b=ka_0^jb_0, j \in Z$，扩展步长 $a_0 \neq 1$ 是固定值，为方便起见，取 $a_0 > 1$ 与 $b_0 > 0$，可得到相应的离散小波集：

$$\psi_{j,k}(t) = a_0^{-j/2}\psi(a_0^{-j}t - kb_0) \qquad (j, k \in Z)$$

离散化小波变换系数则可以表示为：

$$C_{j,k} = \int_{-\infty}^{+\infty} f(t)\psi_{j,k}^*(t)\,\mathrm{d}t \qquad (2-44)$$

离散小波变换重构公式为：

$$f(t) = C\sum_{j=-\infty}^{+\infty}\sum_{k=-\infty}^{+\infty} c_{j,k}\psi_{j,k}(t) + R \qquad (2-45)$$

式中 C——一个与信号无关的常数；

R——误差项。

从上式可以看出，要使 $f(t)$ 能够达到不失真重构，要求选取适当的 a_0, b_0 及 $\psi(t)$，使 $\psi_{j,k}(t)$ 构成表示信号空间上的完备集，从而实现小波集 $\{\psi_{j,k}(t)\}$ 的精确线性表示，即 $R = 0$。

基于上述小波变换的变形分析，其应用特征如下：

1）小波变换是一种多分辨率分析，在变换中取较小的 a_0^j，则时间的分辨率较高，这时可用于分析频率较高的建筑物的动态变形（如高层建筑的在风力作用下的摆动），可以揭示建筑物动态变形特征；

2）当取较大的 a_0^j 时，则频率分辨率较高，这时宜于分析频率较低的常见的建筑物变形，对分析建筑物规律并进行预报具有较好的稳健性。

小波变换同其他方法相比，具有它重要的特点，其应用也可以从某些方面来入手，下面就几个典型的特点作简要介绍。

1）双域性：小波分析是时频分析，即可在时域和频域两个域内揭示信号的特征，但与 STET 相比，它又具有优越的时频窗。在海森堡测不准原理（Heisenberg's Uncertainty Principle）关系的约束下，频率较高时，它具有较宽的频率窗，而在频率较低时，它具有较宽的时间窗，因而更适合于信号的分析。这一点和傅立叶变换的单域性相比有突出的优越性。

2）灵活性：由于小波基函数 $\psi(t)$ 不是唯一的，只要满足允许小波的条件即可，因而就有许多构造小波的方法。不同小波具有不同的特性，可分别用来逼近不同特性的信号，以便得到最佳结果。而傅立叶变换只用正弦函数去逼近任意信号，没有选择的余地，因而逼近的效果就不可能完全理想。

3）快速性：由于有了多分辨分析这一工具，因而大大提高了小波分析的效率。人们易于从尺度函数和两尺度关系推导出小波系数，甚至不需要知道小波函数的解析表达式也可得到分析的结果。尺度函数相当于低通滤波器，小波相当于带通滤波器。将信号用低通和带通滤波器进行分解，显然比用频率点分解要快捷。频带分析从表面上看比频率分析要粗糙，然而信号分析的目的在许多情况下是提取信号的特征，同时小波分析并不排除对细节分析的可能性。在需要时，可以将频带细分下去，起到"显微镜"的作用，这一点是傅里叶分析无法比拟的。

4）尺度转换性：若 $f(t)$ 的 CWT（连续小波变换）是 $W_f(a,b)$，则 $f(t/\lambda)$ 的 CWT 为 $\sqrt{\lambda}W_f(a/\lambda,b/\lambda),\lambda>0$。这表明，当信号函数 $f(t)$ 作某一倍数伸缩时，其 CWT 将在 a，b 两轴上作同一比例的伸缩，且不发生失真变形。这正是小波变换被誉为"数学显微镜"的重要依据，也是小波变换不同于 STFT 之处。

（5）四种常用小波基函数

1）Haar 小波

Haar 函数是一组互相正交归一的函数集。Haar 小波由它衍生而得，是具有紧支撑的正交小波函数，其定义如下：

$$\psi(t)=\begin{cases}1 & 0\leqslant t\leqslant 1/2 \\ -1 & 1/2\leqslant t<1 \\ 0 & 其他\end{cases}$$

Haar 小波是一个最简单的时域不连续小波，如图 2-7 所示。

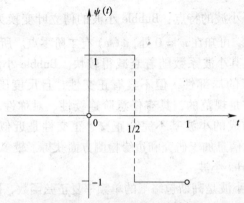

图 2-7 Haar 小波时域图

Haar 小波的特点：Haar 小波是不连续的，在频域中衰减非常缓慢，频域分辨率很差。但由于它在时域上紧支且宽度很窄，故其时域分辨率很高。Haar 小波不具有消失矩，或者说只具有零阶消失矩。

2）墨西哥帽小波

Mexican Hat 小波又称 Bubble 小波，它是高斯函数的二阶导数（加负号），其形式为：

$$\psi(t) = (1 - t^2) \, e^{-\frac{t^2}{2}}$$

其波形如图 2-8 所示。

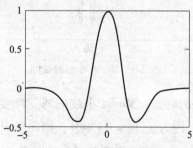

图 2-8 Bubble 小波时域图

Bubble 小波的特点：Bubble 小波的傅立叶变换为：$\hat{\psi}(w) = \sqrt{2\pi}w^2 e^{-\frac{t^2}{2}}$。可知在 $w = 0$ 处，$\hat{w}(w)$ 有二阶零点。所以满足容许条件，而且其小波系数随着衰减得较快。Bubble 小波的时、频域都有很好的局部性，但不具有正交性，且尺度函数不存在。Bubble 小波是规范的，具有任意阶连续性、对称性和指数衰减性。但其构成的小波基不完全正交、正交性是近似的。Bubble 小波在视觉信息加工研究和边缘检测方面获得了较多的应用。

3）Morlet 小波

Morlet 小波是高斯包络下的单频率复正弦函数，即：

$$\psi(t) = e^{iw_0 t} e^{-\frac{t^2}{2}}$$

式中　　w_0——常数；

　　　　i——虚数。

其波形如图 2-9 所示。

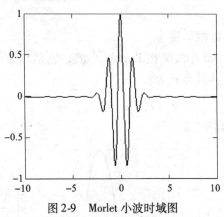

图 2-9　Morlet 小波时域图

Morlet 小波的特点：Morlet 小波的傅立叶变换为：$\hat{\psi}(w) = \sqrt{2\pi}e^{-(w-w_0)^2/2}$。因为 $\hat{\psi}(w = 0) \neq 0$，因此 Morlet 小波不满足相容条件，但只要 $w_0 \geqslant 5$，便可以近似满足条件。由于 $\hat{\psi}(w)$ 在

$w=0$ 处的斜率很小，所以其一、二阶导数也近似为零。Morlet 小波的时、频域局部性都比较好。Morlet 小波伸缩尺度 a 和周期 T 有如下关系：

$$T = \left[\frac{4\pi}{w_0 + \sqrt{2 + w_0^2}}\right] \times a$$

因为 Morlet 小波是复值小波，所以能提取被分析的时间过程或信号的幅值与相位信息。它是地球物理过程和流体湍流的分析研究中经常使用的小波。

4）Daubechies（DbN）小波系

Daubechies 函数是由世界著名的小波分析学者 Nrid Daubechies 构造的小波函数，除了 db1（即 haar 小波）外，其他小波没有明确的表达式，但转换函数 h 的平方模是很明确的。

假设 $P(y) = \sum_{k=0}^{N-1} C_k^{N-1+k} y^k$，其中，$C_k^{N-1+k}$ 为二项式的系数，则有：

$$|m_0(w)|^2 = \left(\cos^2\frac{w}{2}\right)^N P\left(\sin^2\frac{w}{2}\right)$$

其中 $m_0(w) = \frac{1}{\sqrt{2}}\sum_{k=0}^{2N-1} h_k e^{-ikw}$。

ψ 和 ϕ 的支撑长度为 $2N-1$，ψ 的消失矩数目为 N。它是非对称的，随着阶次的增大，规则性提高。分析是正交的。这种小波最常用。

Daubechies（DbN）小波具有以下特点：

① 时域上具有有限支撑，即 $\psi(t)$ 长度有限，且高阶原点矩：

$$\int t^p \psi(t)\,\mathrm{d}t = 0, p = 0 \sim N。$$

② 在频域上，$\hat{w}(w)$ 在 $w=0$ 处有 N 阶零点。

③ $\psi(t)$ 与它的整数位移正交归一，即 $\int \psi(t)\psi(t-k)\mathrm{d}t = \delta_k$

（6）阈值分析（小波阈值去噪）

1）小波阈值逼近

对正则信号，傅立叶逼进和小波逼近具有相同的效率。但对有若干孤立奇异点分段正则信号，傅立叶变换需要用大量的高频正弦波去逼近信号的奇异点，逼近误差衰减的速度很慢，傅立叶分析的效率很低。而这时只有少量小波系数幅度较大，故可选择这些幅度较大的小波系数去逼近信号，这是一种非线性逼近。

线性逼近是针对一类信号事先选定正交基，从中再选择 M 个基矢量，信号在这 M 个基矢量张成的子空间上的正交投影作为逼近。线性逼近与信号无关，逼近算子是一个线性算子。非线性逼近则是针对具体信号选取使内积系数较大的 M 个矢量，记 I_M 为这 M 个矢量的指标集，则信号 f 的非线性逼近为 $f_M = \sum_{m \in I_M} \langle f, g_m \rangle g_m$

选择幅度较大的系数实际上是用一个阈值 T 去决定所有内积系数的取舍，表示为：

$$\theta_T(x) = \begin{cases} x & \text{若} \mid x \mid \geqslant T \\ 0 & \text{若} \mid x \mid < T \end{cases} \tag{2-46}$$

于是信号 f 的阈值逼近表示为：

$$f_M = \sum_{m=0}^{+\infty} \theta_T(\langle f, g_m \rangle) g_m \tag{2-47}$$

显然，阈值逼近的矢量指标因信号而异，所以它是一种非线性逼近。

对正交小波基而言，信号可分解成

$$f = \sum_{j=-\infty}^{+\infty} \sum_{n=-\infty}^{+\infty} \langle f, \psi_{j,n} \rangle \psi_{j,n} \tag{2-48}$$

阈值逼近　　$f_M = \sum\limits_{j=-\infty}^{+\infty} \sum\limits_{n=-\infty}^{+\infty} \theta_T (\langle f, \psi_{j,n} \rangle) \psi_{j,n}$　　　　　(2-49)

它实际上是保留那些幅度大于或等于阈值的小波系数，而将幅度小于阈值的小波系数置为0。因为小波系数的幅度与信号的局部奇异性有关，所以对只有少数孤立奇异点的分段正则信号而言，幅度大的小波系数很少，阈值逼近比线性逼近更有效率。选择幅度大的小波系数意味着在信号奇异点附近，选用较精细的尺度，而在光滑部分，则用较粗糙的尺度，这等价于在时间－尺度平面上构造了一个与信号性质自适应的网格，而线性逼近则是在整个信号支集保持相同的分辨率。此外，阈值算法非常简单，所以阈值逼近在小波分析中获得了广泛应用。

2）阈值估计

非线性估计实际上是一种阈值估计，或者说是一种幅值域的滤波方法。它根据信号系数的大小决定观测数据的取舍。但由于信号系数是未知的，所以还是不可计算的。对它最简单的改进是：不再用信号内积系数进行阈值判别，而直接用观测信号内积系数进行阈值判别，这是实际可行的一种简单算法。而且在大多数情况下，它也是一种最优算法。

阈值估计由硬阈值估计和软阈值估计两种。硬阈值函数和软阈值函数分别如图2-10（a）和图2-10（b）所示。

硬阈值函数为：

$$d_m(x) = h_T(x) = \begin{cases} x, & |x| > T \\ 0, & |x| \leqslant T \end{cases}$$　　　(2-50)

而软阈值函数为：

$$d_m(x) = s_T(x) = \begin{cases} x - T, & |x| > T \\ x + T, & |x| < -T \\ 0, & |x| \leqslant T \end{cases}$$　　　(2-51)

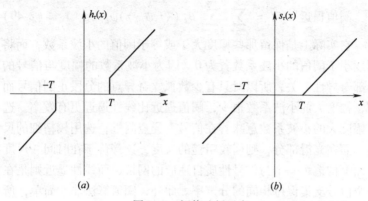

图 2-10　阈值选择示意

（a）硬阈值参数；（b）软阈值参数

　　显然，硬阈值函数有间断点，它只是简单地保留或者是去掉信号。而软阈值在进行阈值判别的同时也用阈值 T 对信号进行衰减。

　　3）小波阈值去噪

　　对很大一类信号而言，它们的能量高度集中在少量幅度较大的小波系数或小波包系数中，而由于噪声的随机性，能量却比较均匀地分布于变换域，所以可以在变换域用简单的阈值判别法在保留信号大幅值分解系数的同时最大限度地抑制噪声。

　　设信号在某一尺度 2^L 上的离散逼近 $f(n)$ 被加性噪声 $W(n)$ 污染，观测数据 $X(n) = f(n) + W(n)$。将 $X(n)$ 在正交规范基 $B = [\{\phi_{J,\mathrm{m}}(n)\}_{\mathrm{m} \in Z}, \{\psi_{j,\mathrm{m}}(n)\}_{L < j \leqslant J, \mathrm{m} \in Z}]$ 上分解，小波去噪是对分解系数取阈值后进行重构，即对的估计可写成：

$$\widetilde{F} = \sum_{j=L+1}^{J} \sum_{m} \rho_{\mathrm{T}}(\langle X, \psi_{j,\mathrm{m}} \rangle) \psi_{j,\mathrm{m}} + \sum_{m} \rho_{\mathrm{T}}(\langle X, \varphi_{J,\mathrm{m}} \rangle) \phi_{J,\mathrm{m}}$$

$$(2\text{-}52)$$

　　其中，ρ_{T} 表示对分解系数取硬阈值或软阈值。一般来说，对于小波系数的阈值电平与逼近系数的阈值电平不同，往往是完全保留逼近系数而只对小波系数取阈值，而且在不同尺度上的阈值电平也可以不一样。对比较平滑和分段正则信号，信号的能量主要集中在低频部分，所以应保留逼近系数，而噪声能量主要集中在高频部分，所以应对小波系数取阈值。由于阈值电平以很大概率高于噪声电平，将低于阈值电平的小波系数置零就在很大程度上滤除了噪声，信号的锐变部分会产生大幅值的小波系数，保留这些大幅值的小波系数避免了对信号锐变部分的平滑，从而保留了这些有重要特征的信号细节，这正是小波去噪与基于傅立叶变换的频域滤波方法的根本区别。由于傅立叶变换不具有时域局部性，所以在滤除噪声的同时也平滑了信号的锐变部分，而小波变换具有时域局部性，所以小波去噪相当于一个自适应平滑过程，它只在信号的正则部分平滑掉噪声，而在其锐变部分保留了信号的细节。也可以说，小波去噪是一个幅值域滤波的过程。

在用阈值判别法从被噪声污染的观测数据中估计信号时，必须选择适当的阈值电平，要确定阈值，又必须知道噪声方差。当对噪声的先验知识不足，不知道噪声方差的情况时，可以通过小波分解来估计噪声方差。当信号是分段正则的函数时，用最精细尺度上的小波系数的中值来计算噪声方差是一个强健估计。具体来说，如 M 是 N 个独立的零均值，方差为 σ^2 的高斯随机变量绝对值的中值，则不难证明 $E\{M\} \approx 0.6457\sigma$

如信号比较平滑，对观测数据作小波分解之后，信号能量主要包含在逼近系数中，由于噪声能量主要分布在高频区域，所以它主要集中在最精细尺度上的小波系数中。当信号分段正则时，如小波有足够高的消失矩，只有信号的少数孤立锐变点产生少量大幅值小波系数，所以对小波系数的中值影响很小。当小波支集不包含两个以上的信号锐变点时，可以认为这些锐变点是彼此孤立的，孤立锐变点在不同尺度上产生相同数量的大幅值小波系数。如有 N 个观测数据，最精细尺度上的小波系数有 $N/2$ 个，其他尺度上的小波系数都少于 $N/2$，所以信号孤立锐变点对最精细尺度上的小波系数的中值影响最小，小波系数中值是对噪声方差的强健估计。设 M_X 是 $X(n)$ 在最精细尺度上的小波系数绝对值的中值，则对零均值，方差为 σ^2 的高斯白噪声的方差估计为：

$$\hat{\sigma} = \frac{M_X}{0.6457}$$

如原始信号是一个有色零均值平稳高斯序列，那么分解系数仍然是高斯分布的，但对每个分解级次而言，系数是有色零均值平稳高斯序列。不同级次的高斯序列有不同的方差，但仍然可以用类似方法去估计噪声方差。在用阈值方法去噪时，每一级应该选取不同的阈值。

三、瞬态瑞雷波频散曲线的计算方法

1. 基本原理

当在地面某点上施加一瞬间冲击力后，地面表层就有瑞雷面波的传播，这种方法产生的瑞雷面波是由许多简谐波叠加而成的，每一简谐波都以一定的相速度 v_R 传播，v_R 是频率 f 的函数。每一简谐波波动垂直位移方程可写为：

$$U_z = A\cos \omega \left(t - \frac{x}{V_R} \right)$$

式中　A——常数；

ω——$\omega = 2\pi f$；

x——距离；

t——为时间。

上式还可写成：

$$U_z = A\cos\left(\omega t - \frac{2\pi fx}{V_R}\right)$$

式中，$2\pi fx/V_R$ 为 x 处振动的相位角，所以在波的传播方向上 x_1 和 x_2 两点间（见图 2-11）的相位差为：

$$\begin{cases} \Delta\varphi = 2\pi f(x_2 - x_1)/V_R = 2\pi f\Delta x/V_R & (\Delta x < \lambda_R) \\ v_R = 2\pi f\Delta x/\Delta\varphi & (\Delta\varphi \text{ 单位为弧度}) \end{cases} \quad (2-53)$$

图 2-11 排列示意图

2. 常规计算方法

设地面上沿波传播方向 x_1 和 x_2 处的信号分别为 $u_1(t)$ 和 $u_2(t)$，则它们的互相关函数为：

$$r_{21}(\tau) = \int_{-\infty}^{\infty} u_2(t+\tau)u_1(t)\mathrm{d}t$$

互相关函数 $r_{21}(\tau)$ 的傅立叶变换为：

$$R_{21}(f) = \int_{-\infty}^{\infty} r(\tau)e^{-12\pi f\tau}\mathrm{d}\tau = u_2(f)u_1^*(f)$$

$$= |u_2(f)||u_1(f)|e^{i(\varphi_2-\varphi_1)} = |R_{21}(f)|e^{i\Delta\varphi(f)} \quad (2-54)$$

式中，$u_2(f)$ 和 $u_1(f)$ 是 $u_2(t)$ 和 $u_1(t)$ 的线性谱，$u_1^*(f)$ 是 $u_1(f)$ 的共轭谱。可见，互相关谱 $R_{21}(f)$ 的相位就是 x_1 和 x_2 两点处的相位差 $\Delta\phi$。把不同频率的相位差 $\Delta\phi(f)$ 代入式（2-53），就可以计算出不同频率谐波的瑞雷面波传播速度 v_R。

这里对互相关谱 $R_{21}(f)$ 的计算，通常采用快速傅立叶变换方法，该方法是一种等频率间隔方法，频率间隔的计算方法是 $\Delta f = 1/T$，T 为时域信号的记录长度。通常认为勘探深度为半个波长，由于波长 λ 与频率 f 成反比。因此，浅层分辨率高，深层分辨率低。

下面举例说明这个问题，假设瑞雷波的速度为常量 $v_R = 120\text{m/s}$，频率间隔 $\Delta f = 1\text{Hz}$，其最大勘探深度为 $h_{max} = \lambda/2 = v_R/\Delta f/2 = 60\text{m}$，频率 f 是以 Δf 为间隔增加的。在低频段，当频率 f 为 $2\Delta f$、$3\Delta f$、$4\Delta f$、$5\Delta f$ 时，则勘探深度分别为 30m、20m、15m、12m；在高频段，当频率 f 为 $60\Delta f$、$80\Delta f$、$100\Delta f$、$120\Delta f$ 时，则勘探深度分别为 1.0m、0.75m、0.6m、0.5m。由此可见，随着频率的降低，其分辨能力也随着降低，分辨能力分别为：$0.6 - 0.5 = 0.1\text{m}$，$0.75 - 0.6 = 0.15\text{m}$，$1.0 - 0.75 = 0.25\text{m}$，$15 - 12 = 3\text{m}$，$20 - 15 = 5\text{m}$，$30 - 20 = 10\text{m}$，$60 - 30 = 30\text{m}$。因此，必须对常规算法进行改进，才能提高深层的分辨能力。

3. 高分辨计算方法

假设计算频散曲线的频率范围为 $f_L = 1\text{Hz} \sim f_H = 80\text{Hz}$，按其对数值等分为 80 个频率点，即 $df = (\log_{10}f_H - \log_{10}f_L)/79$，则 $f_i = 10^{\log_{10}f_L + i*df}$，$i = 0, 1, 2, \cdots, 79$。这样可以使得低频部分频率点密集一些，高频部分频率点稀疏一些，保证了深度上采样均匀。如果将频率点数提高数倍，则深层分辨率会随之提高。

假设 $u_1(t)$ 和 $u_2(t)$ 的互相关函数为 $r_{21}(t)$，则其频谱的计算公式为：

实部：$RR_{21}(f_i) = \sum\limits_{j=0}^{M} r_{21}(t_j)\cos(2\pi f t_j)$

虚部：$RI_{21}(f_i) = \sum\limits_{j=0}^{M} r_{21}(t_j)\sin(2\pi f t_j)$

则相位差为：$\Delta\varphi(f_i) = \arctan(RI_{21}(f_i)/RR_{21}(f_i))$，其中 $i = 0, 1, 2, \cdots, 79, 80, \cdots, N$。

假设瑞雷波的速度为常量 $v_R = 120\text{m/s}$，高分辨方法计算的结果如表 2-1 所示。假设时域记录长度为 1s，常规快速傅立叶变换方法计算的结果如表 2-2 所示。从中可以清楚地看出，在深处（低频段）高分辨方法比常规方法分辨能力高多了。

高分辨方法计算的频率－深度对应关系　　　表2-1

频率 (Hz)	深度 (m)	频率 (Hz)	深度 (m)	频率 (Hz)	深度 (m)	频率 (Hz)	深度 (m)	频率 (Hz)	深度 (m)
1.00	60.00	2.43	24.70	5.90	10.17	14.33	4.19	34.81	1.72
1.06	56.76	2.57	23.37	6.24	9.62	15.15	3.96	36.80	1.63
1.12	53.70	2.71	22.11	6.59	9.10	16.01	3.75	38.90	1.54
1.18	50.80	2.87	20.91	6.97	8.61	16.93	3.54	41.12	1.46
1.25	48.06	3.03	19.79	7.37	8.15	17.89	3.35	43.46	1.38
1.32	45.47	3.21	18.72	7.79	7.71	18.91	3.17	45.94	1.31
1.39	43.01	3.39	17.71	8.23	7.29	19.99	3.00	48.56	1.24
1.47	40.69	3.58	16.75	8.70	6.90	21.13	2.84	51.33	1.17
1.56	38.50	3.79	15.85	9.20	6.52	22.34	2.69	54.26	1.11
1.65	36.42	4.00	14.99	9.72	6.17	23.61	2.54	57.35	1.05
1.74	34.46	4.23	14.18	10.27	5.84	24.96	2.40	60.62	0.99
1.84	32.60	4.47	13.42	10.86	5.52	26.38	2.27	64.08	0.94
1.95	30.84	4.73	12.70	11.48	5.23	27.89	2.15	67.74	0.89
2.06	29.17	5.00	12.01	12.13	4.94	29.48	2.04	71.60	0.84
2.17	27.60	5.28	11.36	12.83	4.68	31.16	1.93	75.68	0.79
2.30	26.11	5.58	10.75	13.56	4.43	32.93	1.82	80.00	0.75

常规方法计算的频率 – 深度对应关系　　　表 2-2

频率 （Hz）	深度 （m）	频率 （Hz）	深度 （m）	频率 （Hz）	深度 （m）	频率 （Hz）	深度 （m）	频率 （Hz）	深度 m
1	60.0	17	3.53	33	1.82	49	1.22	65	0.92
2	30.0	18	3.33	34	1.76	50	1.20	66	0.91
3	20.0	19	3.16	35	1.71	51	1.18	67	0.90
4	15.0	20	3.00	36	1.67	52	1.15	68	0.88
5	12.0	21	2.86	37	1.62	53	1.13	69	0.87
6	10.0	22	2.73	38	1.58	54	1.11	70	0.86
7	8.57	23	2.61	39	1.54	55	1.09	71	0.85
8	7.50	24	2.50	40	1.50	56	1.07	72	0.83
9	6.67	25	2.40	41	1.46	57	1.05	73	0.82
10	6.00	26	2.31	42	1.43	58	1.03	74	0.81
11	5.45	27	2.22	43	1.40	59	1.02	75	0.80
12	5.00	28	2.14	44	1.36	60	1.00	76	0.79
13	4.62	29	2.07	45	1.33	61	0.98	77	0.78
14	4.29	30	2.00	46	1.30	62	0.97	78	0.77
15	4.00	31	1.94	47	1.28	63	0.95	79	0.76
16	3.75	32	1.88	48	1.25	64	0.94	80	0.75

四、瑞雷波的正、反演计算

瑞雷面波法的直接成果是瑞雷波的频散曲线，它表示瑞雷面波波长（或频率）与其平均速度的关系，$\lambda - v_R$ 关系曲线。频散曲线的特征及其变化与地下地质条件，如各层的厚度、波速等密切相联系，为了寻找频散曲线的特征与地质条件的内在联系，就必须进行正、反演计算，获取各层的厚度及横波速度，从而做出符合客观的地质解释。

1. 瑞雷面波正演计算

为了满足探测目的层浅和高精度的要求，采用在 Knopoff 快速计算法的基础上提出的归一化和对某一层进行细分的 Schwab 方法。对式（2-26）进行化简，并采用 Laplace 分解定理对其分解和递推，最后的频散函数为式（2-55）。

频散曲线计算步骤：

（1）给定层数 N 及各层的横波速度 v_{Sm}、厚度 h_m、密度 ρ_m 和纵波速度 v_{Pm}，需要计算的频率范围及频率值 f_i；

（2）赋初值 C（取 $C = 0.9v_{s1}$）和送代终止值 E（即面波速度误差，一般可取 $E = 0.01\text{cm/s}$）；

（3）利用给定的 C 和某一频率 f_0 计算频散函数，依次迭代，直到满足送代终止误差 E，其结果作为频率 f_0 条件下的瑞雷面波传播速度；

（4）给定 f_i 重复（2）、（3）计算步骤，最终得到所有频率条件的瑞雷波传播速度，即瑞雷面波传播速度随频率的变化——频散曲线。

$$
\begin{cases}
F(\omega, v_R) = \left[v^{(n-1)}, W^{(n-1)}, R^{(n-1)}, S^{(n-1)} \right] \\
\cdot \begin{cases}
\begin{bmatrix}
-(1 - v_R^2/v_{pn}^2)^{1/2} \\
-(1 - v_R^2/v_{pn}^2)^{1/2} \cdot (1 - v_R^2/v_{sn}^2)^{1/2} \\
-(1 - v_R^2/v_{sn}^2)^{1/2}
\end{bmatrix} \cdot \varepsilon \quad \text{若 } n \text{ 为偶数} \\
\begin{bmatrix}
(1 - v_R^2/v_{sn}^2)^{1/2} \\
-(1 - v_R^2/v_{pn}^2)^{1/2} \cdot (1 - v_R^2/v_{sn}^2)^{1/2} \\
(1 - v_R^2/v_{pn}^2)^{1/2}
\end{bmatrix} \cdot \varepsilon \quad \text{若 } n \text{ 为奇数}
\end{cases} \\
\varepsilon = (-1)^{n-1} \rho_1^2 V_R^2 / r_{on} r_{\beta n} r_n \rho_n^2 v_{pn}^2
\end{cases}
\tag{2-55}
$$

2. 瑞雷面波反演计算

瑞雷面波反演计算是根据实测的瑞雷面波频散曲线反演计算各层横波速度和厚度。反演计算实质上是采用阻尼最小二乘法原理对给定的初值进行不断的正演计算、与实测曲线比较和修正，直到满足误差要求。其反演过程如下：

（1）根据实测瑞雷面波频散曲线的变化规律，做出定性解释，即确定出可能的层数 N 及各层横波速度 v_{Sm} 和厚度 h_m 的变化范围。选择反演开始时的各层横波速度 v_{Sm} 和厚度 h_m 的初值。

（2）反演计算过程中变量的限制

1）根据场地的地质条件和实测瑞雷面波速度大小，给出地下介质平均波速的限制范围，根据实测频散曲线可能达到的最大深度，给出分层介质总厚度的变化范围；

2）反演过程可按下述两个标准终止迭代，一是各层横波速度 v_{Sm} 和厚度 h_m 参数 X 修正量的相对值小于某一 ε_1 值：

$$\frac{\sum_{i=1}^{2N} |\Delta x_i|}{\sum_{i=1}^{2N} x_i} \leqslant \varepsilon_1$$

二是正演计算的理论值和实测值的残差平方和小于某一 ε_2 值：

$$\sum_{i=1}^{M} \left[v_{R实测} - v_{R计算} \right]^2 \leqslant \varepsilon_2$$

式中，M 为频率点数，ε_1 和 ε_2 可根据实测频散曲线的精度或反演结果的允许误差事先给定。

（3）对计算的理论频散曲线和实测频散曲线进行对比，检查二者的吻合性，尤其是曲线拐点处。若拐点处存在不吻合，可能是分层数不正确所致。

（4）结果满意即可终止，存在问题，则重做（1）、（2）和（3）步骤，直至满意而终止。

五、质量评价指标统计数学模型的建立方法

瑞雷面波法结果为横波速度，为了获取反映基础质量的密度、压实度、复合承载力等物性参数，必须对瑞雷面波法结果进

行标定，建立相应的适合于所选土质的反演容重、压实度、复合承载力等物性参数的统计经验数学表达式。

根据瑞雷面波理论、土层性质和前人研究结果，可设密度、压实度、复合承载力与横波速度和深度存在如下关系：

$$g(h, v_s) = ah^{-b}v_s^c \tag{2-56}$$

式中，$g(h, v_s)$ 为待求参数（如压实度或复合承载力），h 和 v_s 分别为深度和相应的横波速度，a、b 和 c 为待定系数。

为了便于采用最小二乘法，对式（2-56）两边取自然对数，则式（2-56）可表示为：

$$\ln g(h, v_s) = \ln a - b\ln h + c\ln v_s \tag{2-57}$$

令 $z = \ln g(h, v_s)$，$a_1 = \ln a$，$a_2 = -b$，$a_3 = c$，$x = \ln h$，$y = \ln v_s$，于是式（2-57）可写成：

$$z_m = a_1 + a_2 x + a_3 y \tag{2-58}$$

若 h_1、h_2、$\cdots$、h_{N-1}、h_N 是 N 个观测点，v_{S1}、v_{S2}、$\cdots$、v_{SN-1}、v_{SN} 和 g_1、g_2、$\cdots$、g_{N-1}、g_N 是在相应点上的横波速度和物性参数观测值（见表2-3）。

参关系表   表 2-3

h	h_1	h_2	$\cdots$	h_{N-1}	h_N
v_S	v_{S1}	v_{S2}	$\cdots$	v_{SN-1}	v_{SN}
g	g_1	g_2		g_{N-1}	g_N
$x = \ln h$	x_1	x_2	$\cdots$	x_{N-1}	x_N
$y = \ln V_s$	y_1	y_2	$\cdots$	y_{N-1}	y_N
$z = \ln g$	z_1	z_2	$\cdots$	z_{N-1}	z_N

由最小二乘法给出的判别拟合标准，以式（2-58）在各观测点上的值与各相应点上的观测值之差的平方和最小，即要使

$$e(f, z_m) = \sum_{i=1}^{N} \left[z_m(x_i, y_i) - z_i \right]^2$$

$$= \sum_{i=1}^{N} (a_1 + a_2 x_i + a_3 y_i - z_i)^2 = \min$$

由多元函数的极值方法可得到如下方程组：

$$\begin{cases} \dfrac{\partial e}{\partial a_1} = 2 \sum_{i=1}^{N} (a_1 + a_2 x_i + a_3 y_i - z_i) = 0 \\[2mm] \dfrac{\partial e}{\partial a_2} = 2 \sum_{i=1}^{N} (a_1 + a_2 x_i + a_3 y_i - z_i) \cdot x_i = 0 \\[2mm] \dfrac{\partial e}{\partial a_3} = 2 \sum_{i=1}^{N} (a_1 + a_2 x_i + a_3 y_i - z_i) \cdot y_i = 0 \end{cases} \quad (2\text{-}59)$$

解上述联立方程组可求得系数 a_1、a_2、a_3，即：

$$\begin{cases} a_3 = \dfrac{(b_1 d_3 - b_3 d_1)(b_1^2 - Nc_1) - (b_1 c_3 - b_3 c_1)(b_1 b_2 - Nd_1)}{(b_1 d_2 - b_2 d_1)(b_1^2 - Nc_1) - (b_1 c_2 - b_2 c_2)(b_1 b_2 - Nd_1)} \\[2mm] a_1 = [b_1 c_3 - b_3 c_1 - (b_1 c_2 - b_2 c_1) a_3]/(b_1^2 - Nc_1) \\[2mm] a_2 = (b_3 - Na_1 - b_2 a_3)/b_1 \\[2mm] b_1 = \sum_{i=1}^{N} x_i, b_2 = \sum_{i=1}^{N} y_i, b_3 = \sum_{i=1}^{N} z_i \\[2mm] c_1 = \sum_{i=1}^{N} x_i^2, c_2 = \sum_{i=1}^{N} x^i y_i, c_3 = \sum_{i=1}^{N} x_i z_i \\[2mm] d_1 = c_2, d_2 = \sum_{i=1}^{N} y_i^2, d_3 = \sum_{i=1}^{N} y_i z_i \end{cases}$$

$$(2\text{-}60)$$

再由式

$$\begin{cases} a = e^{a_1} \\ b = -a_2 \\ c = a_3 \end{cases} \quad (2\text{-}61)$$

便可求得式（2-56）中的常数 a、b 和 c。从而得到密度或压实度或复合承载力与横波速度和深度关系。

第三章　数字与物理模拟

　　为了检验瞬时基准面反射波法和相邻道瞬态瑞雷波法的方法理论与技术的可行性和有效性，以及所研制软件的正确性，进行了一组具有代表性的理论模型试算和物理模型模拟。

第一节　瞬时基准面反射波法

　　为了阐明在复杂地形条件下水平基准面法存在的问题，以及瞬时基准面法的有效性和可行性，设计了一个具有代表性、尽可能接近于实际以及计算简便的四层均匀层状介质理论地质模型如图 3-1 所示，其主要参数见表 3-1。地面由一个凸起、一个凹陷和两段平面构成，相对最大高差为 40m。地层为速度递增模型，最小、最大地层厚度分别为 25m 和 65m。

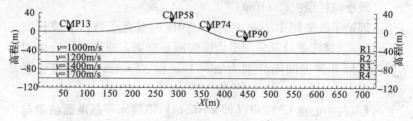

图 3-1　四层均匀层状介质理论地质模型

理论地质模型参数　　　　　表 3-1

分界面	R_1	R_2	R_3	R_4
最小埋深（m）	25	45	60	80
最大埋深（m）	65	85	100	120
层速度（m/s）	1000	1200	1400	1700

一、模型速度谱计算与分析

为了说明速度分析误差与水平基准面的位置有关，以及地形起伏对水平基准面和瞬间基准面速度分析的影响，对所设计的理论地质模型进行了一个点（即 CMP13，此时地面为水平面，并且所有的激发和接收点均处于地面水平段上）的三种不同水平基准面（即高程 $h = -20$、0、20m）速度分析，以及三个不同特征位置（图 3-1 中 CMP58、CMP74 和 CMP90）的水平基准面（即 $h = 0.0$m）和瞬间基准面速度分析理论计算，并对其结果进行对比解释和分析。理论计算所采用的主要参数为：

共中心点道集道数：$N = 12$；

共中心点道集道距：$dx = 10$m；

记录采样间隔：$dt = 0.25$ms；

记录长度：$T = 250$ms；

最小炮检距：$x_0 = 10$m。

理论子波采用中心频率 $f_0 = 100$Hz 的雷克子波，子波长度 $L = 15$ms。速度谱计算采用平均振幅能量准则，速度分析所采用时间间隔和速度间隔分别为 $\Delta t = 1$ms 和 $\Delta v = 4$m/s，时窗长度 $K = 30$。

1. 共中心点 CMP13（即 $x = 65$m）不同水平基准面结果与分析

据式（2-1）采用射线追踪原理所获取的中心点道集记录如

图 3-2（a）所示，针对三个不同水平基准面经地形静校正后的共中心点道集记录如图 3-2（b）~图 3-2（d）所示。可见，由于水平基准面位置的不同，其 t_0 时间明显不同，反射同相轴的斜率也有所不同。

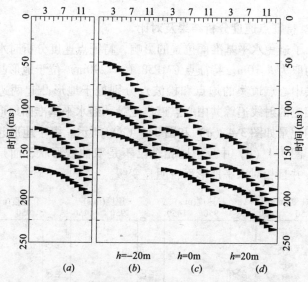

图 3-2 射线追踪和不同水平基准面静校正后的道集记录

三个不同水平基准面经地形静校正后的共中心点道集记录所对应的速度谱见图 3-3（图中★为理论计算值，●为速度谱反演值），综合结果见表 3-2。可见，当水平基准面低于地面时，所获取的叠加速度高于理论值，最大绝对和相对误差分别为 –236.0m/s 和 –23.60%；当水平基准面高于地面时，所获取的叠加速度均低于理论值，叠加速度的最大绝对和相对误差分别为 136.0m/s 和 13.60%；只有水平基准面与地面重合时，叠加速度才与理论值相符，叠加速度最大绝对和相对误差分别为 –6.1m/s 和 –0.50%。显然，地面为水平面时，速度分析所获取的速度和精度与水平基准面的选择有关，并且水平基准面低于地面时的速度误差比高于地面时的速度误差要大。而由瞬间基准面法获取的速度谱。(见图 3-3 (d)) 与水平基准面为地面时的速度谱，不管是形态上还是数值上都完全一致。

2. 特征点速度分析结果及对比

为了避免水平基准面位置的影响，特征点速度分析时水平基准面均取为 $h = 0$m。特征点 CMP58 ($x = 290$m) 位于地形凸起顶部，共中心点道集的炮点和检波点分别处于地形凸起两边斜坡段，相应的射线追踪共中心点道集记录和经水平基准面地形静校正后的记录如图 3-4 (a) 和图 3-4 (d) 所示。由于地形起伏的影响，图 3-4 (a) 中反射同相轴已不是双曲线形状，而是高次曲线，并且相对水平地形而言明显变缓。

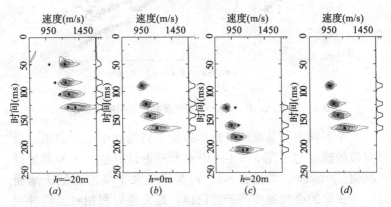

图 3-3　三个不同水平基准面叠加速度谱和瞬间基准面叠加速度谱

水平基准面和瞬间基准面的速度谱见图 3-5 和图 3-6，其综合结果见表 3-3，水平基准面所获取的叠加速度均大于理论值，与水平基准面低于地面时的结论相同，最大绝对和相对误差分别为 -100.0m/s 和 -10.0%。瞬间基准面所获取的叠加速度与理

CMP13 综合结果表　　　　　　　　　表 3-2

水平基准面高程 h (m)	层号	t0 时间（ms）				叠加速度或均方根速度（m/s）			
		理论值	反演值	绝对误差	相对误差（%）	理论值	反演值	绝对误差	相对误差（%）
-20.0	R_1	50.00	49.0	1.00	2.00	1000.0	1236.0	-236.0	-23.60
	R_2	83.33	83.0	0.33	0.40	1084.4	1248.0	-163.6	-15.09
	R_3	104.76	105.0	-0.24	-0.23	1156.0	1288.0	-132.0	-11.42
	R_4	128.29	128.0	0.29	0.23	1273.3	1388.0	-114.7	-9.01
0.0	R_1	90.00	90.0	0.00	0.00	1000.0	1000.0	0.0	0.00
	R_2	123.33	123.0	0.33	0.27	1057.8	1060.0	-2.2	-0.21
	R_3	144.76	145.0	-0.24	-0.17	1115.1	1120.0	-4.9	-0.44
	R_4	168.29	168.0	0.29	0.17	1213.9	1220.0	-6.1	-0.50
20.0	R_1	130.00	130.0	0.00	0.00	1000.0	864.0	136.0	13.60
	R_2	163.33	163.0	0.33	0.20	1043.9	936.0	107.9	10.34
	R_3	184.76	185.0	-0.24	-0.13	1091.2	1004.0	87.2	7.99
	R_4	208.29	208.0	0.29	0.14	1175.9	1104.0	71.9	6.11
瞬间基准面	R_1	90.00	90.0	0.00	0.00	1000.0	1000.0	0.0	0.00
	R_2	123.33	123.0	0.33	0.27	1057.8	1060.0	-2.2	-0.21
	R_3	144.76	145.0	-0.24	-0.17	1115.1	1120.0	-4.9	-0.44
	R_4	168.29	168.0	0.29	0.17	1213.9	1220.0	-6.1	-0.50

论值基本相符，最大绝对和相对误差分别为 -24.1m/s 和 -2.05%。特征点 CMP74（$x=370m$）位于水平基准面上，其中心点道集的炮点均处于地形凸起斜坡段，检波点均处于地形凹陷斜坡段，相应的射线追踪共中心点道集记录和经水平基准面地形静校正后的记录如图 3-4（b）和图 3-4（e）所示，二者完全相同。水平基准面和瞬间基准面的速度谱见图 3-5（b）和图 3-6

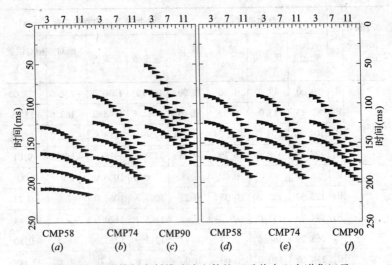

图 3-4 三个特征点射线追踪和静校正后共中心点道集记录

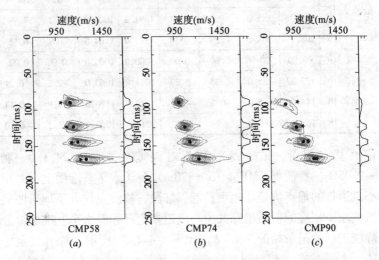

图 3-5 三个特征点的水平基准面叠加速度谱（一）

（b），综合结果见表 3-3，二者各界面所对应的叠加速度完全相同，并与理论值基本相符，相当于水平地面情形，最大绝对和相对误差分别为 -6.1m/s 和 -0.50%。表明当地形为以共中心点负对称时，水平基准面和瞬间基准面所获取的叠加速度是相同的，也就是说以共中心点负对称的地形对水平基准面法无影响。

　　特征点 CMP90（$x=450$m）位于地形凹陷底部，共中心点道集的炮点和检波点分别处于地形凹陷两边斜坡段，相应的射线追踪道集记录和经水平基准面地形静校正后的记录如图 3-4（c）和图 3-4（f）所示，由于地形起伏的影响，图 3-4（c）中反射同相轴已不是双曲线形状，而是高次曲线，并且相对水平地形而言明显变陡。

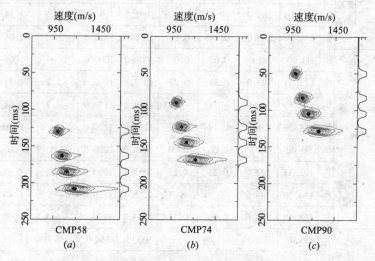

图 3-6　三个特征点的瞬间基准面叠加速度谱（二）

　　水平基准面和瞬间基准面的速度谱见图 3-5（c）和图 3-6（c），综合结果见表 3-3。水平基准面所获取的浅层 t_0 时间大于

CMP12、58、74、90 综合结果表　　　　表 3-3

CMP No.	基准面形式	层号	t_0 时间（ms）				叠加速度或均方根速度（m/s）			
			理论值	反演值	绝对误差	相对误差（%）	理论值	反演值	绝对误差	相对误差（%）
58	水平基准面	R_1	90.00	89.5	0.50	0.56	1000.0	1100.0	-100.0	-10.00
		R_2	123.33	123.0	0.33	0.27	1057.8	1132.0	-74.2	-7.01
		R_3	144.76	145.0	-0.24	-0.17	1115.1	1192.0	-76.9	-6.90
		R_4	168.29	168.0	0.29	0.17	1213.9	1280.0	-66.1	-5.45
	瞬间基准面	R_1	130.00	130.0	0.00	0.00	1000.0	1000.0	0.0	0.00
		R_2	163.33	163.0	0.33	0.20	1043.9	1056.0	-12.1	-1.16
		R_3	184.76	185.0	-0.24	-0.13	1091.2	1108.0	-16.8	-1.54
		R_4	208.29	208.0	0.29	0.14	1175.9	1200.0	-24.1	-2.05
74	水平基准面	R_1	90.00	90.0	0.00	0.00	1000.0	1000.0	0.0	0.00
		R_2	123.33	123.0	0.33	0.27	1057.8	1060.0	-2.2	-0.21
		R_3	144.76	145.0	-0.24	-0.17	1115.1	1120.0	-4.9	-0.44
		R_4	168.29	168.0	0.29	0.17	1213.9	1220.0	-6.1	-0.50
	瞬间基准面	R_1	90.00	90.0	0.00	0.00	1000.0	1000.0	0.0	0.00
		R_2	123.33	123.0	0.33	0.27	1057.8	1060.0	-2.2	-0.21
		R_3	144.76	145.0	-0.24	-0.17	1115.1	1120.0	-4.9	-0.44
		R_4	168.29	168.0	0.29	0.17	1213.9	1220.0	-6.1	-0.50
90	水平基准面	R_1	90.00	93.0	-3.00	-3.33	1000.0	864.0	136.0	13.60
		R_2	123.33	124.0	-0.67	-0.54	1057.8	984.0	73.8	6.98
		R_3	144.76	145.0	-0.24	-0.17	1115.1	1060.0	55.1	4.94
		R_4	168.29	168.0	0.29	0.17	1213.9	1172.0	41.9	3.45

CMP No.	基准面形式	层号	t_0 时间（ms）				叠加速度或均方根速度（m/s）			
			理论值	反演值	绝对误差	相对误差（%）	理论值	反演值	绝对误差	相对误差（%）
90	瞬间基准面	R_1	50.00	50.0	0.00	0.00	1000.0	1000.0	0.0	0.00
		R_2	83.33	83.0	0.33	0.40	1084.4	1080.0	4.4	0.41
		R_3	104.76	105.0	−0.24	−0.23	1156.0	1140.0	16.0	1.38
		R_4	128.29	128.0	0.29	0.23	1273.3	1260.0	13.3	1.04

理论值，最大绝对和相对误差分别为 −3.0ms 和 −3.33%；浅层速度谱能量团相对分散，叠加速度均小于理论值，与水平基准面高于地面时的结论相同，最大绝对和相对误差分别为 136.0m/s 和 13.60%，并且各层的速度误差均大于 CMP58 相应层的速度误差，说明对于水平基准面法凹陷地形的影响比凸起地形的要大。瞬间基准面所获取的叠加速度与理论值基本相符，最大绝对和相对误差分别为 16.0m/s 和 1.38%。

二、模型动校正水平叠加计算与分析

为了说明地形起伏对水平基准面共中心点水平叠加的影响，以及瞬间基准面共中心点水平叠加的有效性和可行性。从而对上述理论地质模型进行了水平和瞬间两种基准面的共中心点水平叠加计算，CMP 点距为 5m，其他参数和子波均与速度谱计算相同。为了避免叠加速度误差的影响，共中心点水平叠加时，两种基准面的叠加速度均采用理论计算均方根速度。

图 3-7 为射线追踪共中心点道集记录，由于地形起伏的影响，反射同相轴已不是双曲线，而是高次曲线。相对水平地形而

言，在地形凸起段，反射波同相轴明显变缓，而在地形凹陷段，反射波同相轴的斜率明显变小，并存在交叉现象。可是，经水平基准面静校正后（见图3-8），在地形凸起段，反射同相轴的斜率比地形水平段的要小，而在地形凹陷段，反射同相轴的斜率比地形水平段的要大，说明水平基准面静校正不能消除地形起伏的影响。

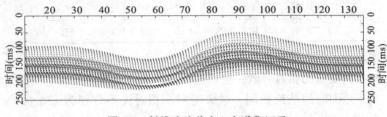

图 3-7　射线追踪共中心点道集记录

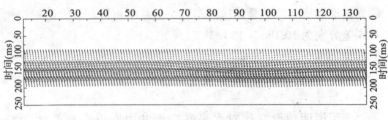

图 3-8　静校正后的共中心点道集记录

对应于图3-8水平基准面共中心点水平叠加时间剖面如图3-9所示。由图可见，由于地形起伏的影响，水平界面的反射同相轴已不为水平，而出现了假的同相轴和构造特征（与地形起伏同步的似透镜体），随深度的增加而逐渐消失。说明水平基准面下常规静校正不能消除起伏地形的影响，并产生反射同相轴假象，难以信任地形起伏地区的多次覆盖反射法地震勘探任务。

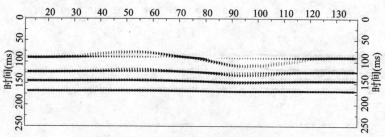

图 3-9　水平基准面水平叠加时间剖面

对应于图 3-7 的经浮动基准面地形静校正（校正量为 $\Delta t_{fosi} = (h_{omi} + h_{smi})/v_0$）后的水平基准面共中心点水平叠加时间剖面如图 3-10 示。由图可见，水平界面的反射同相轴是随地形的起伏而相反变化的同相轴，存在明显的同相轴和构造特征假象。为了直观和便于同模型对比，可对各共中心点作地形静校正（校正量为 $\Delta t_m = 2(h_{mm} - h)/v_0$），经静校正后的时间剖面如图 3-11 所示。由图可知，地形起伏的影响未能得到完全消除，时间剖面中水平界面的反射同相轴仍不为水平，而存在明显的同相轴和构造特征（与地形起伏同步的似透镜体）假象，随着深度的增加而逐渐减少。说明浮动基准面下的地形静校正，也不能完全消除起伏地形的影响，并产生反射同相轴假象。

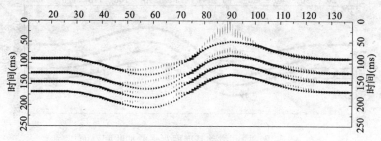

图 3-10　浮动基准面水平叠加时间剖面

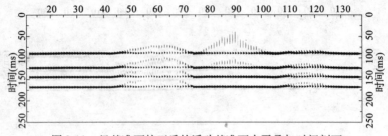

图 3-11　经基准面校正后的浮动基准面水平叠加时间剖面

　　而由图 3-7 采用瞬间基准面的共中心点水平叠加方法获得的共中心点水平叠加时间剖面如图 3-12 所示。可见，水平界面的反射同相轴是随地形的起伏而相反变化的同相轴，无假的同相轴和构造特征显示。同理，为了直观和便于同模型对比，可对各共中心点作地形静校正，经静校正后的时间剖面如图 3-13 所示。由图可知，各水平界面的反射同相轴均为水平，它们同模型完全一致。说明瞬间基准面共中心点水平叠加方法，可消除起伏地形的影响，所获得的时间剖面能真实反映地下信息，是地形起伏地区从事多次覆盖反射法地震勘探的行之有效的方法。

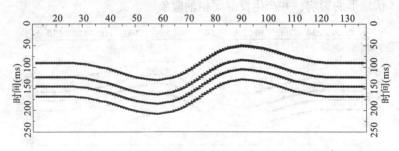

图 3-12　瞬间滑动基准面水平叠加时间剖面

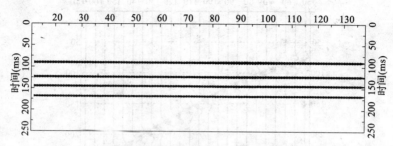

图 3-13 经基准面校正后的瞬间基准面水平叠加时间剖面

三、高保真动校正数字模拟

建立一个水平层状介质 3 层模型，层速度为：$v_1 = 500\text{m/s}$，$v_2 = 800\text{m/s}$，$v_3 = 2000\text{m/s}$；层厚度为：$H_1 = 20\text{m}$，$H_2 = 60\text{m}$，$H_3 \to \infty$。观测系统为：6 次覆盖，第 1 炮点坐标为 40m，最小偏移距为 10m，检波间距为 5m，24 道接收。采集参数为：采样点数 700 个，采样间隔 0.0005s，用 40Hz 的雷克子波模拟反射子波，子波中心对应反射波旅行时。

图 3-14 ~ 图 3-18 的横坐标单位为米，分别对应检波点、共中心点的地面坐标，纵坐标单位为毫秒。图 3-14 为原始共炮点记录，图 3-15 为图 3-14 的常规动校正记录，图 3-16 是按常规动校正 3 炮的叠加剖面，图 3-17 为图 3-14 的高保真动校正记录，图 3-18 是按高保真动校正 3 炮的叠加剖面。从图 3-15 和图 3-17 中可以清楚地看出，常规动校正方法大偏移距道拉伸畸变特别严重，高保真动校正方法得到的动校正后记录没有拉伸畸变现象。比较图 3-16 和图 3-17 可以清楚地看出，常规动校正方法得到的水平叠加剖面浅层信噪比低、分辨率也低，而高保真动校正方法得到的水平叠加剖面保持了共炮点记录的分辨率。

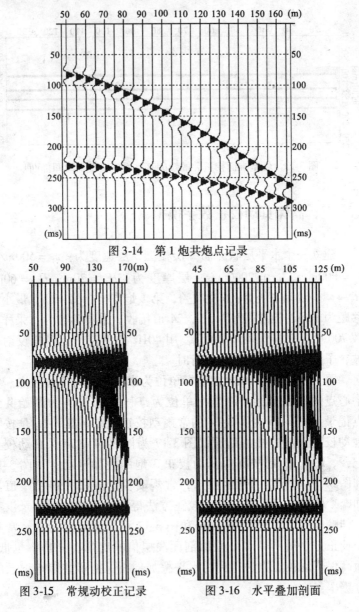

图 3-14　第 1 炮共炮点记录

图 3-15　常规动校正记录

图 3-16　水平叠加剖面

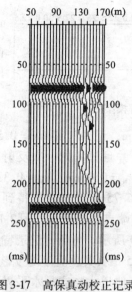

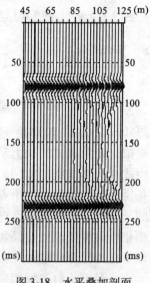

图 3-17 高保真动校正记录　　图 3-18 水平叠加剖面

第二节　映像法中的垂直裂缝

为了进一步阐明垂直裂缝在映射剖面上的特征，设计了一个由一条长度为 6.0cm 的垂直裂缝和一个埋深为 15.0cm 的水平界面所构成的理论和超声物理模型，两者均为二维模型，其波速为 $v = 2200\text{m/s}$。超声物理模型采用厚度为 0.3cm 的有机玻璃板，裂缝宽度为 0.1cm，整个模型竖立于水中，有机玻璃板顶边置于水面下 0.3cm，模型见图 3-19。

一、数字模拟

数字模拟所采用的理论子波是频率为 70kHz 的雷克子波，采

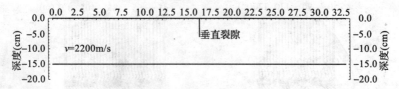

图 3-19　理论和物理模型图

样间隔 $dt = 1.0\mu s$，偏移距 $x_0 = 1.0cm$，记录道距 $dx = 0.5cm$。数字模拟时未考虑波的动力学特征，并且只考虑一次反射和绕射。由式（2-12）和式（2-13）得，$x_N = 0.00cm$，$x_M = 0.33cm$。也就是说，仅当激发接收中点置于 16.75cm 处时才能得到垂直裂缝的反射波，否则均为垂直裂缝下端点的绕射波。图 3-19 所示模型相应的深度剖面记录如图 3-20 所示。可见，记录特征表现为以垂直裂缝为对称轴，第 34 和 35 道（即垂直裂缝投影处左右道）水平界面反射波振幅明显比其他道大，这是水平界面反射波与垂直裂缝反射波叠加之故，同理论结果相符。垂直裂缝在记录上呈现出似"八"字形，这是判别是否存在垂直裂缝的重要依据。垂直裂缝长度由 x_N 和 x_M 来确定，即：

$$h_N = \frac{2hx_N}{2x_N + x_0}$$

$$h_M = \frac{2hx_M}{2x_M + x_0}$$

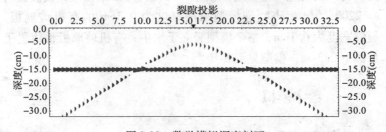

图 3-20　数学模拟深度剖面

二、超声物理模拟

所采用的换能器固有频率为 70.0kHz，采样率 $dt = 1.0\mu s$，偏移距 $x_0 = 1.0$cm，记录道距 $dx = 0.5$cm。由式（2-12）和式（2-13）得，$x_N = 0.00$cm，$x_M = 0.33$cm。图 3-19 所示模型相应的深度剖面记录如图 3-21 所示。可见，记录特征表现为以垂直裂缝为对称轴，第 34 和 35 道（即垂直裂缝投影处左右道）水平界面反射波振幅明显比其他道大，垂直裂缝在记录上呈现出似"八"字形特征，同数字模拟结果相符。说明了采用弹性波法探测裂缝的可行性和有效性。

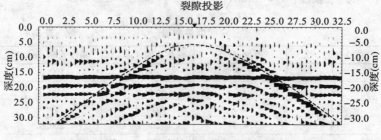

图 3-21　超声波物理模拟深度剖面

第三节　相邻道瞬态瑞雷波法

为了选取和检验瑞雷面波的提取方法，介质深度及横波层速度的正、反演方法，密度与横波速度及深度关系式中的待定系数的获取方法的可行性和有效性，以及所研制软件的正确性，笔者进行了一组具有代表性的理论模型进行试算。

一、瑞雷面波提取方法模型研究

为了阐明二维滤波法所提取的瑞雷面波记录不能满足进行相邻道获取频散曲线方法的需要和验证采用 $\tau - p$ 变换法提取瑞雷面波的可行性和有效性。对同一模型分别进行了二维滤波法和 $\tau - p$ 变换法提取瑞雷面波的理论计算，其模型参数见表 3-4 和图 3-22。主要记录参数如下：

道间距：$\mathrm{d}x = 1.0\mathrm{m}$；

记录道数：$N = 31$；

采样间隔：$\mathrm{d}t = 0.25\mathrm{ms}$；

记录长度：$L = 180\mathrm{ms}$。

模型参数表　　　　　　　表 3-4

层号	厚度（m）	纵波速度（m/s）	横波速度（m/s）
1	1.5	760.0	190.0
2	3.5	800.0	200.0
3	2.5	720.0	180.0
4	4.5	200.0	200.0
5	∞	960.0	240.0

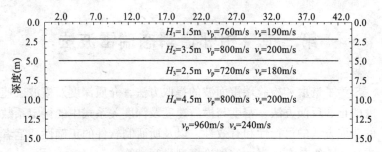

图 3-22　水平层状介质理论模型

子波均采用雷克子波，纵波（直达波和反射波）主频率为100Hz，瑞雷面波主频为60Hz。共炮点理论记录见图3-23，图中直达波、反射波和面波存在交叉现象，即存在干涉区，不可能直接从空间–时间域 $x-t$ 中提取瑞雷面波。

1. 二维滤波方法

对图3-23所示的共炮点记录作二维富氏变换后，其振幅谱如图3-24所示。可见，由于直达波、反射波和瑞雷面波的视速度和频率各自不同，在 $f-k$ 域中所处域也就不同，它们基本已各自分开，但仍存在重叠现象。显然，难以消除直达波和反射波的影响，以致精确提取瑞雷面波。

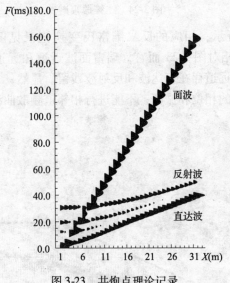

图3-23 共炮点理论记录

图3-24中ABCDE所构成的多边形域为瑞雷面波所处 $f-k$ 域。因此，可首先将ABCDE区域外赋零值，然后再进行反二维富氏变换的方法提取瑞雷面波。切除直达波和反射波后的振幅谱

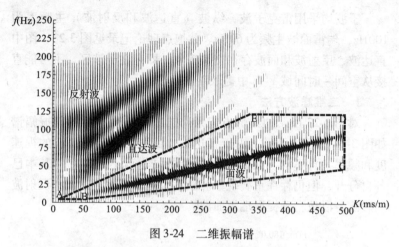

图 3-24　二维振幅谱

如图 3-25 所示，相应的反二维富氏变换记录见图 3-26。由图 3-26可知，相对图 3-23 而言，瑞雷面波近道和远道振幅相对减小；近道和远道存在直达波和反射波残留。显然，它们将影响部分频率成分的相位和振幅，不能进行相邻道频散曲线的计算。

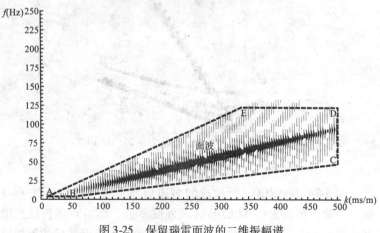

图 3-25　保留瑞雷面波的二维振幅谱

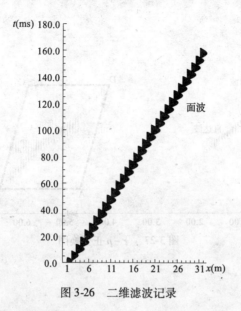

图 3-26 二维滤波记录

2. $\tau-p$ 变换方法

为了同二维滤波方法比较，$\tau-p$ 变换提取瑞雷面波所采用的模型与二维滤波方法的相同（见表 3-4、图 3-22 和图 3-23）。图 3-23 中共炮点记录经 $\tau-p$ 正变换后，$\tau-p$ 域记录如图 3-27 所示。可见，由于直达波、反射波和面波的视速度各自不同，在 $\tau-p$ 域中所处域也就不同，直达波和瑞雷面波基本上为一个点，反射波为椭圆形状，瑞雷面波与直达波和反射波已完全分开。显然，只要将直达波和反射波所处 $\tau-p$ 域赋零值，就可精确提取瑞雷面波。

图 3-27 中 ABCD 所构成的四边形域为瑞雷面波所处 $\tau-p$ 域，其形状呈似 X 形。因此，可采用首先将 ABCD 区域外赋零值，然后再进行反 $\tau-p$ 变换的方法提取瑞雷面波。切除直达波和反射波后的 $\tau-p$ 变换记录如图 3-28 所示，相应的反 $\tau-p$ 变

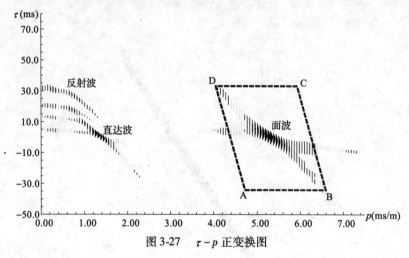

图 3-27　$\tau - p$ 正变换图

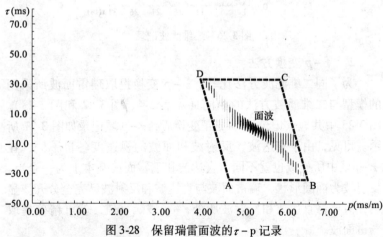

图 3-28　保留瑞雷面波的 $\tau - p$ 记录

换记录见图 3-29。由图 3-29 可知，瑞雷面波已很好地提取，其频率和振幅与图 3-23 相同。因此，$\tau - p$ 变换法应用于瑞雷面波的提取，是一种行之有效的方法，所提取的瑞雷面波可完全用于相邻道频散曲线的计算，为采用瑞雷面波法无损检测的精度提高

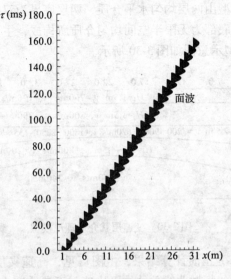

图 3-29 $\tau - p$ 反变换记录

及应用领域的拓宽提供了一种新的瑞雷面波提取方法和手段，具有广泛的应用前景。

二、瑞雷面波正、反演研究

正、反演计算是瑞雷波法无损检测中必不可少的重要工作。正演计算用于指导瑞雷波法无损检测成果的正确地质解释，验证成果解释的正确性和准确性；反演计算获取介质分界面和异常体的深度及横波速度。为了证明正、反演方法和软件的正确性，说明正、反演计算精度与介质结构基本无关，以及反演初始模型的给定对反演计算精度的影响，进行了一组合理论模型和三种不同初始模型的计算。

1. 瑞雷面波剖面正、反演计算及分析

组合模型由两层均匀水平介质、两层底界为双曲线形的局部变速介质和底部为无限半空间均匀介质所构成，主要模型参数见表 3-5，模型示意图如图 3-30 所示。

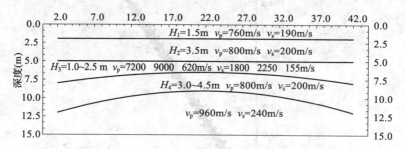

图 3-30 变速层状介质理论模型

图 3-31 为正演计算结果，由图可见，高速夹层使得半波长小于 20.0m 的频散曲线总体往平均瑞雷面波速度大的方向移动，并且曲线变为平滑；低速夹层使得半波长小于 20.0m 的频散曲线总体往平均瑞雷面波速度小的方向移动，浅层尤其显著，且浅层曲线变化加剧。反演计算初始模型均选用理论模型，此时的反演计算结果如图 3-32 所示。可见，频散曲线形态和数值与正演

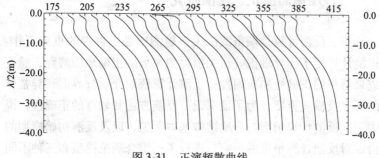

图 3-31 正演频散曲线

计算频散曲线完全吻合，高速夹层和低速夹层的频散曲线特征清晰；反演所得的各层厚度和速度与模型完全一致；反演计算迭代1次数均可满足给定的误差要求。正、反计算结果证明了正、反演方法和软件的正确性，表明了正、反演计算精度与介质结构基本无关。

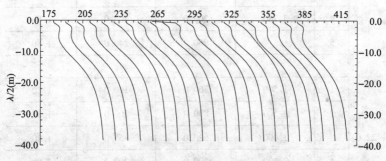

图 3-32 反演频散曲线

组合模型参数表

表 3-5

桩号	层号	厚 度（m）	纵波速度（m/s）	横波速度（m/s）	密度（g/cm³）
	1	1.500	760.0	190.0	1.80
	2	3.500	800.0	200.0	1.80
2.0	3	2.500	720.0	180.0	1.80
	4	4.500	200.0	200.0	1.80
	5		960.0	240.0	1.80
......
	1	1.500	760.0	190.0	1.80
	2	3.500	800.0	200.0	1.80
12.0	3	1.375	900.0	225.0	1.80
	4	2.375	200.0	200.0	1.80
	5		960.0	240.0	1.80

续表

桩号	层号	厚 度（m）	纵波速度（m/s）	横波速度（m/s）	密度（g/cm^3）
14.0	1	1.500	760.0	190.0	1.80
	2	3.500	800.0	200.0	1.80
	3	1.240	720.0	180.0	1.80
	4	3.240	200.0	200.0	1.80
	5		960.0	240.0	1.80

……

桩号	层号	厚 度（m）	纵波速度（m/s）	横波速度（m/s）	密度（g/cm^3）
22.0	1	1.500	760.0	190.0	1.80
	2	3.500	800.0	200.0	1.80
	3	1.000	620.0	155.0	1.80
	4	3.000	200.0	200.0	1.80
	5		960.0	240.0	1.80

桩号	层号	厚 度（m）	纵波速度（m/s）	横波速度（m/s）	密度（g/cm^3）
24.0	1	1.500	760.0	190.0	1.80
	2	3.500	800.0	200.0	1.80
	3	1.015	720.0	180.0	1.80
	4	3.015	200.0	200.0	1.80
	5		960.0	240.0	1.80

……

桩号	层号	厚 度（m）	纵波速度（m/s）	横波速度（m/s）	密度（g/cm^3）
32.0	1	1.500	760.0	190.0	1.80
	2	3.500	800.0	200.0	1.80
	3	1.375	900.0	225.0	1.80
	4	2.375	200.0	200.0	1.80
	5		960.0	240.0	1.80

续表

桩号	层号	厚　度（m）	纵波速度（m/s）	横波速度（m/s）	密度（g/cm³）
34.0	1	1.500	760.0	190.0	1.80
	2	3.500	800.0	200.0	1.80
	3	1.540	720.0	180.0	1.80
	4	3.540	200.0	200.0	1.80
	5		960.0	240.0	1.80
......					
42.0	1	1.500	760.0	190.0	1.80
	2	3.500	800.0	200.0	1.80
	3	2.500	720.0	180.0	1.80
	4	4.500	200.0	200.0	1.80
	5		960.0	240.0	1.80

模型与反演初始模型参数表　　　　表3-6

模型编号	层号	厚度（m）	理论模型 v_S（m/s）	初始模型 v_S（m/s）	反演 v_S（m/s）	相对误差（%）
Ⅰ	1	1.500	190.0	190.0	190.0	0.00
	2	3.500	200.0	200.0	200.0	0.00
	3	1.000	180.0	180.0	180.0	0.00
	4	3.000	200.0	200.0	200.0	0.00
	5		240.0	240.0	240.0	0.00
Ⅱ	1	1.500	190.0	160.0	190.0	0.00
	2	3.500	200.0	200.0	200.2	0.10
	3	1.375	180.0	150.0	176.4	2.00
	4	2.375	200.0	200.0	201.6	0.80
	5		240.0	210.0	239.9	0.04

续表

模型编号	层号	厚度（m）	理论模型 v_S（m/s）	初始模型 v_S（m/s）	反演 v_S（m/s）	相对误差（%）
Ⅲ	1	1.500	190.0	190.0	190.0	0.00
	2	3.500	200.0	230.0	200.3	0.15
	3	1.240	180.0	180.0	175.3	2.61
	4	3.240	200.0	230.0	202.1	1.05
	5		240.0	270.0	239.9	0.04

2. 不同初始模型的反演计算及分析

不同初始模型的反演计算选取了图 3-30 中桩号为 22.0m 的位置作理论模型，主要模型参数见表 3-6 和图 3-33，三种不同初始模型的反演结果和频散曲线分别见表 3-6 和图 3-34。

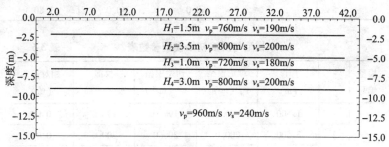

图 3-33　水平层状介质理论模型

由表 3-6 可知，当初始模型为理论模型（即模型Ⅰ）时，其反演结果与理论模型参数完全吻合；当初始模型横波速度低于理论模型值（即模型Ⅱ）时，其反演结果与理论模型参数基本吻合，浅、深层吻合很好，中层吻合相对稍差，最小、最大相对误差分别 0.00 和 2.00%；当初始模型横波速度高于理论模型值（即模型Ⅲ）时，其反演结果与理论模型参数基本吻合，浅、深层仍吻合很好，中层吻合相对稍差，最小、最大相对误差分别

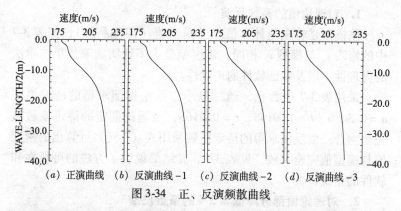

（a）正演曲线　（b）反演曲线-1　（c）反演曲线-2　（d）反演曲线-3

图 3-34　正、反演频散曲线

0.00 和 2.61%，相对而言比低于理论模型值的初始模型的反演精度稍差。总之，不管是低于理论模型值的初始模型，还是高于理论模型值的初始模型，其反演精度均满足瑞雷面波法无损检测和路基压实度检测的精度要求。

由图 3-34 可知，不管是三种初始模型中的哪一种初始模型，其反演频散曲线的形状和数值均未发生明显变化。

三、密度统计数学模型的待定系数

密度统计数学模型式（2-56）中的待定系数 a、b 和 c，是根据对比点不同深度的密度和相应的瑞雷面波法反演获得的横波速度，采用最小二乘法原理来求得。为了检验方法的可行性和有效性及软件的正确性，首先假设系数 $a = 0.3086$、$b = 0.0158$、$c = 0.3163$，选取 10 个不同深度和相应的横波速度 v_s，然后由式（2-56）计算其密度 ρ，并重复 5 次（即 5 个标定地面点），其样品值见表 3-7。以表 3-7 中的样品数据为基础，对表中横波速度作不同的修改，以致构成不同的模型数据。

1. 对理论值的系数反演

该模型是将理论计算值作为模型值（即样品值），即表 3-7 中的修改 v_S 与模型 v_S 相同，该模型是为了证明选取最小二乘法的合理性，以及验证软件的正确性。

采用表 3-7 中数据，通过最小二乘法反演求得的待定系数 $a = 0.3086$、$b = 0.0158$、$c = 0.3163$，与理论假定的待定系数值完全吻合；由反演求得的待定系数采用式（2-56）计算出的密度值与模型值完全一致，见表 3-7。其结果说明了方法的可行性和软件的正确性。

2. 对理论值部分降低 2.5％的系数反演

该模型是将理论计算值每个标定点中，按一定规律将某一样品值降低 2.5％作为模型值，见表 3-8 中的修改 v_S 列，该模型是为了说明局部低异常点对最小二乘法反演的影响。

采用表 3-8 中的数据，通过最小二乘法反演求得的待定系数 $a = 0.3125$、$b = 0.0162$、$c = 0.3142$，与理论假定的待定系数值存在一定的差异；由反演求得的待定系数采用式（2-56）计算出的密度值与模型值基本一致，最小、最大相对误差分别为 0.04％和 0.72％，降低点的相对误差均为负值，除模型值降低点之外，其他点的相对误差均小于 0.13％，模型值降低点的相对误差均小于降低值百分比（2.5％）的 1/3，并且降低点的邻近点基本不受降低点的影响，具体结果见表 3-8。说明了该方法的灵性和抗干扰性。

3. 对理论值部分增加 2.5％的系数反演

该模型是将理论计算值每个标定点中，按一定规律将某一样品值增加 2.5％作为模型值，见表 3-9 中的修改 v_S 列，该模型是为了说明局部高异常点对最小二乘法反演的影响。

采用表 3-9 中数据，通过最小二乘法反演求得的待定系数 $a = 0.3434$、$b = 0.0171$、$c = 0.2962$，与理论假定的待定系数值存在一定的差异；由反演求得的待定系数采用式（2-56）计算出的容重值与模型值基本一致，最小、最大相对误差分别为 0.00% 和 0.73%，增加点的相对误差均为正值，除模型值降低点之外，其他点的相对误差均小于 0.23%，模型值增加点的相对误差均小于增加值百分比（2.5%）的 1/3，并且增加点的邻近点基本不受增加点的影响。总体而言，其相对误差比降低模型稍增大，具体结果见表 3-9。进一步说明了该方法的灵性和抗干扰性。

密度样品值及反演结果表　　　表 3-7

标定点号	样品编号	深度（m）	模型 v_S（m/s）	修改 v_S（m/s）	模型 ρ（g/cm³）	反演 ρ（g/cm³）	相对误差（%）
1	1－1	0.50	220.0	220.0	1.7181	1.7181	0.00
1	1－2	1.50	225.0	225.0	1.7006	1.7006	0.00
1	1－3	2.00	210.0	210.0	1.6564	1.6564	0.00
1	1－4	2.50	205.0	205.0	1.6380	1.6380	0.00
1	1－5	3.50	200.0	200.0	1.6166	1.6166	0.00
1	1－6	4.00	190.0	190.0	1.5873	1.5873	0.00
1	1－7	5.00	180.0	180.0	1.5549	1.5549	0.00
1	1－8	5.50	185.0	185.0	1.5660	1.5660	0.00
1	1－9	6.00	187.0	187.0	1.5692	1.5692	0.00
1	1－10	10.00	190.0	190.0	1.5645	1.5645	0.00
2	2－1	0.50	220.0	220.0	1.7181	1.7181	0.00
2	2－2	1.50	225.0	225.0	1.7006	1.7006	0.00
2	2－3	2.00	210.0	210.0	1.6564	1.6564	0.00
2	2－4	2.50	205.0	205.0	1.6380	1.6380	0.00
2	2－5	3.50	200.0	200.0	1.6166	1.6166	0.00
2	2－6	4.00	190.0	190.0	1.5873	1.5873	0.00
2	2－7	5.00	180.0	180.0	1.5549	1.5549	0.00

标定 点号	样品 编号	深度 （m）	模型 v_S （m/s）	修改 v_S （m/s）	模型 ρ （g/cm³）	反演 ρ （g/cm³）	相对误差 （%）
2	2－8	5.50	185.0	185.0	1.5660	1.5660	0.00
2	2－9	6.00	187.0	187.0	1.5692	1.5692	0.00
2	2－10	10.00	190.0	190.0	1.5645	1.5645	0.00
3	3－1	0.50	220.0	220.0	1.7181	1.7181	0.00
3	3－2	1.50	225.0	225.0	1.7006	1.7006	0.00
3	3－3	2.00	210.0	210.0	1.6564	1.6564	0.00
3	3－4	2.50	205.0	205.0	1.6380	1.6380	0.00
3	3－5	3.50	200.0	200.0	1.6166	1.6166	0.00
3	3－6	4.00	190.0	190.0	1.5873	1.5873	0.00
3	3－7	5.00	180.0	180.0	1.5549	1.5549	0.00
3	3－8	5.50	185.0	185.0	1.5660	1.5660	0.00
3	3－9	6.00	187.0	187.0	1.5692	1.5692	0.00
3	3－10	10.00	190.0	190.0	1.5645	1.5645	0.00
4	4－1	0.50	220.0	220.0	1.7181	1.7181	0.00
4	4－2	1.50	225.0	225.0	1.7006	1.7006	0.00
4	4－3	2.00	210.0	210.0	1.6564	1.6564	0.00
4	4－4	2.50	205.0	205.0	1.6380	1.6380	0.00
4	4－5	3.50	200.0	200.0	1.6166	1.6166	0.00
4	4－6	4.00	190.0	190.0	1.5873	1.5873	0.00
4	4－7	5.00	180.0	180.0	1.5549	1.5549	0.00
4	4－8	5.50	185.0	185.0	1.5660	1.5660	0.00
4	4－9	6.00	187.0	187.0	1.5692	1.5692	0.00
4	4－10	10.00	190.0	190.0	1.5645	1.5645	0.00
5	5－1	0.50	220.0	220.0	1.7181	1.7181	0.00

续表

标定 点号	样品 编号	深度 （m）	模型 v_S （m/s）	修改 v_S （m/s）	模型 ρ （g/cm³）	反演 ρ （g/cm³）	相对误差 （%）
5	5 – 2	1.50	225.0	225.0	1.7006	1.7006	0.00
5	5 – 3	2.00	210.0	210.0	1.6564	1.6564	0.00
5	5 – 4	2.50	205.0	205.0	1.6380	1.6380	0.00
5	5 – 5	3.50	200.0	200.0	1.6166	1.6166	0.00
5	5 – 6	4.00	190.0	190.0	1.5873	1.5873	0.00
5	5 – 7	5.00	180.0	180.0	1.5549	1.5549	0.00
5	5 – 8	5.50	185.0	185.0	1.5660	1.5660	0.00
5	5 – 9	6.00	187.0	187.0	1.5692	1.5692	0.00
5	5 – 10	10.00	190.0	190.0	1.5645	1.5645	0.00

密度样品值及反演结果表　　　　　表 3-8

标定 点号	样品 编号	深度 （m）	模型 v_S （m/s）	修改 v_S （m/s）	模型 ρ （g/cm³）	反演 ρ （g/cm³）	相对误差 （%）
1	1 – 1	0.50	220.0	220.0	1.7181	1.7204	0.13
1	1 – 2	1.50	225.0	219.4	1.7006	1.6886	– 0.71
1	1 – 3	2.00	210.0	210.0	1.6564	1.6578	0.09
1	1 – 4	2.50	205.0	205.0	1.6380	1.6393	0.08
1	1 – 5	3.50	200.0	200.0	1.6166	1.6178	0.07
1	1 – 6	4.00	190.0	190.0	1.5873	1.5885	0.08
1	1 – 7	5.00	180.0	180.0	1.5549	1.5561	0.08
1	1 – 8	5.50	185.0	185.0	1.5660	1.5672	0.07
1	1 – 9	6.00	187.0	187.0	1.5692	1.5703	0.07
1	1 – 10	10.00	190.0	190.0	1.5645	1.5651	0.04
2	2 – 1	0.50	220.0	220.0	1.7181	1.7204	0.13
2	2 – 2	1.50	225.0	225.0	1.7006	1.7020	0.08

续表

标定 点号	样品 编号	深度 （m）	模型 v_S （m/s）	修改 v_S （m/s）	模型 ρ （g/cm³）	反演 ρ （g/cm³）	相对误差 （%）
2	2-3	2.00	210.0	204.8	1.6564	1.6448	-0.70
2	2-4	2.50	205.0	205.0	1.6380	1.6393	0.08
2	2-5	3.50	200.0	200.0	1.6166	1.6178	0.07
2	2-6	4.00	190.0	190.0	1.5873	1.5885	0.08
2	2-7	5.00	180.0	180.0	1.5549	1.5561	0.08
2	2-8	5.50	185.0	185.0	1.5660	1.5672	0.08
2	2-9	6.00	187.0	187.0	1.5692	1.5703	0.07
2	2-10	10.00	190.0	190.0	1.5645	1.5651	0.04
3	3-1	0.50	220.0	220.0	1.7181	1.7204	0.13
3	3-2	1.50	225.0	225.0	1.7006	1.7020	0.08
3	3-3	2.00	210.0	210.0	1.6564	1.6578	0.09
3	3-4	2.50	205.0	199.9	1.6380	1.6264	-0.71
3	3-5	3.50	200.0	200.0	1.6166	1.6178	0.07
3	3-6	4.00	190.0	190.0	1.5873	1.5885	0.08
3	3-7	5.00	180.0	180.0	1.5549	1.5561	0.08
3	3-8	5.50	185.0	185.0	1.5660	1.5672	0.08
3	3-9	6.00	187.0	187.0	1.5692	1.5703	0.07
3	3-10	10.00	190.0	190.0	1.5645	1.5651	0.04
4	4-1	0.50	220.0	220.0	1.7181	1.7204	0.13
4	4-2	1.50	225.0	225.0	1.7006	1.7020	0.08
4	4-3	2.00	210.0	210.0	1.6564	1.6578	0.09
4	4-4	2.50	205.0	205.0	1.6380	1.6393	0.08
4	4-5	3.50	200.0	195.0	1.6166	1.6050	-0.72
4	4-6	4.00	190.0	190.0	1.5873	1.5885	0.08

续表

标定点号	样品编号	深度（m）	模型 v_S（m/s）	修改 v_S（m/s）	模型 ρ（g/cm³）	反演 ρ（g/cm³）	相对误差（%）
4	4－7	5.00	180.0	180.0	1.5549	1.5561	0.08
4	4－8	5.50	185.0	185.0	1.5660	1.5672	0.08
4	4－9	6.00	187.0	187.0	1.5692	1.5703	0.07
4	4－10	10.00	190.0	190.0	1.5645	1.5651	0.04
5	5－1	0.50	220.0	220.0	1.7181	1.7204	0.13
5	5－2	1.50	225.0	225.0	1.7006	1.7020	0.08
5	5－3	2.00	210.0	210.0	1.6564	1.6578	0.09
5	5－4	2.50	205.0	205.0	1.6380	1.6393	0.08
5	5－5	3.50	200.0	200.0	1.6166	1.6178	0.07
5	5－6	4.00	190.0	185.3	1.5873	1.5761	－0.71
5	5－7	5.00	180.0	180.0	1.5549	1.5561	0.08
5	5－8	5.50	185.0	185.0	1.5660	1.5672	0.08
5	5－9	6.00	187.0	187.0	1.5692	1.5703	0.07
5	5－10	10.00	190.0	190.0	1.5645	1.5651	0.04

密度样品值及反演结果表　　　　表 3-9

标定点号	样品编号	深度（m）	模型 v_S（m/s）	修改 v_S（m/s）	模型 ρ（g/cm³）	反演 ρ（g/cm³）	相对误差（%）
1	1－1	0.50	220.0	220.0	1.7181	1.7174	－0.04
1	1－2	1.50	225.0	230.6	1.7006	1.7091	0.50
1	1－3	2.00	210.0	210.0	1.6564	1.6543	－0.13
1	1－4	2.50	205.0	205.0	1.6380	1.6362	－0.11
1	1－5	3.50	200.0	200.0	1.6166	1.6150	－0.10
1	1－6	4.00	190.0	190.0	1.5873	1.5870	－0.02
1	1－7	5.00	180.0	180.0	1.5549	1.5559	0.06

续表

标定点号	样品编号	深度（m）	模型 v_S（m/s）	修改 v_S（m/s）	模型 ρ（g/cm³）	反演 ρ（g/cm³）	相对误差（%）
1	1－8	5.50	185.0	185.0	1.5660	1.5660	0.00
1	1－9	6.00	187.0	187.0	1.5692	1.5686	－0.04
1	1－10	10.00	190.0	190.0	1.5645	1.5624	－0.13
2	2－1	0.50	220.0	220.0	1.7181	1.7174	－0.04
2	2－2	1.50	225.0	225.0	1.7006	1.6967	－0.23
2	2－3	2.00	210.0	215.3	1.6564	1.6665	0.61
2	2－4	2.50	205.0	205.0	1.6380	1.6362	－0.11
2	2－5	3.50	200.0	200.0	1.6166	1.6150	－0.10
2	2－6	4.00	190.0	190.0	1.5873	1.5870	－0.02
2	2－7	5.00	180.0	180.0	1.5549	1.5559	0.06
2	2－8	5.50	185.0	185.0	1.5660	1.5660	0.00
2	2－9	6.00	187.0	187.0	1.5692	1.5686	－0.04
2	2－10	10.00	190.0	190.0	1.5645	1.5624	－0.13
3	3－1	0.50	220.0	220.0	1.7181	1.7174	－0.04
3	3－2	1.50	225.0	225.0	1.7006	1.6967	－0.23
3	3－3	2.00	210.0	210.0	1.6564	1.6543	－0.13
3	3－4	2.50	205.0	210.1	1.6380	1.6482	0.62
3	3－5	3.50	200.0	200.0	1.6166	1.6150	－0.10
3	3－6	4.00	190.0	190.0	1.5873	1.5870	－0.02
3	3－7	5.00	180.0	180.0	1.5549	1.5559	0.06
3	3－8	5.50	185.0	185.0	1.5660	1.5660	0.00
3	3－9	6.00	187.0	187.0	1.5692	1.5686	－0.04
3	3－10	10.00	190.0	190.0	1.5645	1.5624	－0.13
4	4－1	0.50	220.0	220.0	1.7181	1.7174	－0.04

标定点号	样品编号	深度（m）	模型 v_S（m/s）	修改 v_S（m/s）	模型 ρ（g/cm³）	反演 ρ（g/cm³）	相对误差（%）
4	4－2	1.50	225.0	225.0	1.7006	1.6967	－0.23
4	4－3	2.00	210.0	210.0	1.6564	1.6543	－0.13
4	4－4	2.50	205.0	205.0	1.6380	1.6362	－0.11
4	4－5	3.50	200.0	205.0	1.6166	1.6269	0.64
4	4－6	4.00	190.0	190.0	1.5873	1.5870	－0.02
4	4－7	5.00	180.0	180.0	1.5549	1.5559	0.06
4	4－8	5.50	185.0	185.0	1.5660	1.5660	0.00
4	4－9	6.00	187.0	187.0	1.5692	1.5686	－0.04
4	4－10	10.00	190.0	190.0	1.5645	1.5624	－0.13
5	5－1	0.50	220.0	220.0	1.7181	1.7174	－0.04
5	5－2	1.50	225.0	225.0	1.7006	1.6967	－0.23
5	5－3	2.00	210.0	210.0	1.6564	1.6543	－0.13
5	5－4	2.50	205.0	205.0	1.6380	1.6362	－0.11
5	5－5	3.50	200.0	200.0	1.6166	1.6150	－0.10
5	5－6	4.00	190.0	194.8	1.5873	1.5988	0.73
5	5－7	5.00	180.0	180.0	1.5549	1.5559	0.06
5	5－8	5.50	185.0	185.0	1.5660	1.5660	0.00
5	5－9	6.00	187.0	187.0	1.5692	1.5686	－0.04
5	5－10	10.00	190.0	190.0	1.5645	1.5624	－0.13

4. 对理论值整体增加 2.5％的系数反演

该模型是将理论计算值每个标定点中，按一定规律将某一样品值增加 2.5％作为模型值，见表 3-10 中的修改 v_S 列，该模型是为了说明整体土质改变将不影响最小二乘法反演的精度。

采用表 3-10 中的数据，通过最小二乘法反演求得的待定系数 $a = 0.3061$、$b = 0.0158$、$c = 0.3164$，与理论假定的待定系数值几乎相同；由反演求得的待定系数采用式（2-33）计算出的密度值与模型值几乎一致，最小、最大相对误差分别为 0.00% 和 0.01%，其误差完全可忽略不计，具体结果见表 3-10。该模型说明了最小二乘法反演的适应性和实用性，以及实际应用时标定的必要性。

密度样品值及反演结果表　　　　　　　表 3-10

标定点号	样品编号	深度（m）	模型 v_S（m/s）	修改 v_S（m/s）	模型 ρ（g/cm³）	反演 ρ（g/cm³）	相对误差（%）
1	1 – 1	0.50	220.0	225.5	1.7181	1.7181	0.00
1	1 – 2	1.50	225.0	230.6	1.7006	1.7006	0.00
1	1 – 3	2.00	210.0	215.3	1.6564	1.6565	0.01
1	1 – 4	2.50	205.0	210.1	1.6380	1.6379	– 0.01
1	1 – 5	3.50	200.0	205.0	1.6166	1.6166	0.00
1	1 – 6	4.00	190.0	194.8	1.5873	1.5874	0.01
1	1 – 7	5.00	180.0	184.5	1.5549	1.5549	0.00
1	1 – 8	5.50	185.0	189.6	1.5660	1.5660	0.00
1	1 – 9	6.00	187.0	191.7	1.5692	1.5693	0.01
1	1 – 10	10.00	190.0	194.8	1.5645	1.5646	0.01
2	2 – 1	0.50	220.0	225.5	1.7181	1.7181	0.00
2	2 – 2	1.50	225.0	230.6	1.7006	1.7006	0.00
2	2 – 3	2.00	210.0	215.3	1.6564	1.6565	0.01
2	2 – 4	2.50	205.0	210.1	1.6380	1.6379	– 0.01
2	2 – 5	3.50	200.0	205.0	1.6166	1.6166	0.00
2	2 – 6	4.00	190.0	194.8	1.5873	1.5874	0.01
2	2 – 7	5.00	180.0	184.5	1.5549	1.5549	0.00

续表

标定点号	样品编号	深度 (m)	模型 v_S (m/s)	修改 v_S (m/s)	模型 ρ (g/cm³)	反演 ρ (g/cm³)	相对误差 (%)
2	2-8	5.50	185.0	189.6	1.5660	1.5660	0.00
2	2-9	6.00	187.0	191.7	1.5692	1.5693	0.01
2	2-10	10.00	190.0	194.8	1.5645	1.5646	0.01
3	3-1	0.50	220.0	225.5	1.7181	1.7181	0.00
3	3-2	1.50	225.0	230.6	1.7006	1.7006	0.00
3	3-3	2.00	210.0	215.3	1.6564	1.6565	0.01
3	3-4	2.50	205.0	210.1	1.6380	1.6379	-0.01
3	3-5	3.50	200.0	205.0	1.6166	1.6166	0.00
3	3-6	4.00	190.0	194.8	1.5873	1.5874	0.01
3	3-7	5.00	180.0	184.5	1.5549	1.5549	0.00
3	3-8	5.50	185.0	189.6	1.5660	1.5660	0.00
3	3-9	6.00	187.0	191.7	1.5692	1.5693	0.01
3	3-10	10.00	190.0	194.8	1.5645	1.5646	0.01
4	4-1	0.50	220.0	225.5	1.7181	1.7181	0.00
4	4-2	1.50	225.0	230.6	1.7006	1.7006	0.00
4	4-3	2.00	210.0	215.3	1.6564	1.6565	0.01
4	4-4	2.50	205.0	210.1	1.6380	1.6379	-0.01
4	4-5	3.50	200.0	205.0	1.6166	1.6166	0.00
4	4-6	4.00	190.0	194.8	1.5873	1.5874	0.01
4	4-7	5.00	180.0	184.5	1.5549	1.5549	0.00
4	4-8	5.50	185.0	189.6	1.5660	1.5660	0.00
4	4-9	6.00	187.0	191.7	1.5692	1.5693	0.01
4	4-10	10.00	190.0	194.8	1.5645	1.5646	0.01
5	5-1	0.50	220.0	225.5	1.7181	1.7181	0.00

标定 点号	样品 编号	深度 （m）	模型 v_S （m/s）	修改 v_S （m/s）	模型 ρ （g/cm³）	反演 ρ （g/cm³）	相对误差 （%）
5	5-2	1.50	225.0	230.6	1.7006	1.7006	0.00
5	5-3	2.00	210.0	215.3	1.6564	1.6565	0.01
5	5-4	2.50	205.0	210.1	1.6380	1.6379	-0.01
5	5-5	3.50	200.0	205.0	1.6166	1.6166	0.00
5	5-6	4.00	190.0	194.8	1.5873	1.5874	0.01
5	5-7	5.00	180.0	184.5	1.5549	1.5549	0.00
5	5-8	5.50	185.0	189.6	1.5660	1.5660	0.00
5	5-9	6.00	187.0	191.7	1.5692	1.5693	0.01
5	5-10	10.00	190.0	194.8	1.5645	1.5646	0.01

四、纵向高分辨频散曲线计算数字模拟

建立一个水平层状 4 层数学模型，模型层参数如表 3-11 所示，其中第 3 层为低速夹层。考虑到实际勘探时，震源频率最多降低到 4Hz，所以，选取的频率范围为 4~100Hz，用 97 个频率点离散表示。快速傅立叶变换方法频率间隔是固定的，这里是 1Hz；纵向高分辨方法频率间隔由低频到高频是逐渐增大的，计算方法为：$df = (\log_{10}100 - \log_{10}4)/(97-1)$，则 $f_i = 10^{\log_{10}4 + i \cdot df}$，$i = 0, 1, 2, \cdots, 96$。根据上述两种对同一频率区间的离散分法，利用式（2-55）计算频散曲线 $v_r(f)$，再利用 $\lambda = v_r/f$ 的关系，将 $v_r(f)$ 转换为 $\lambda(v_r)$，绘制的曲线如图 3-35 和图 3-37 所示，如果采用半波长解释方法，从图中可清楚地看到，图 3-37 的纵向分辨率高多了。建立如表 3-12 所示的反演初始模型，只反演各层的横波速度和厚度，其他层参数保持与原始模型一致，

用最小二乘法进行迭代反演 5 次，反演结束后频散曲线的拟合情况见图 3-36 和图 3-38，反演结果如表 3-13 所示，从表中的反演结果来看，利用纵向高分辨方法计算的频散曲线反演效果好些，结果更接近原始模型。

层参数原始模型　　　　　　　表 3-11

层序号	横波速度 （m/s）	纵波速度 （m/s）	密 度 （g/cm³）	厚 度 （m）
1	100	400	1.5	2.0
2	150	850	1.8	8.0
3	90	350	1.5	5.5
4	240	2000	2.1	+∞

用于反演的初始参数模型　　　　　表 3-12

层序号	横波速度 （m/s）	纵波速度 （m/s）	密 度 （g/cm³）	厚 度 （m）
1	90	400	1.5	1.0
2	110	850	1.8	4.0
3	70	350	1.5	2.5
4	200	2000	2.1	+∞

两种反演方法的反演结果对照表　　　表 3-13

层序号	横波速度（m/s）			厚度（m）		
	模型标准值	基于常规计算频散曲线的反演值	基于高分辨计算频散曲线的反演值	模型标准值	基于常规计算频散曲线的反演值	基于高分辨计算频散曲线的反演值
1	100	142.26	104.55	2.0	1.000	1.000
2	150	151.30	149.51	8.0	6.683	7.987
3	90	89.99	89.95	5.5	5.390	5.405
4	240	176.65	194.38	+∞	+∞	+∞

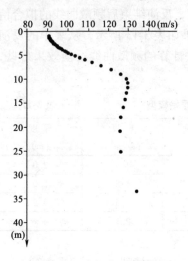

图 3-35　常规方法计算
的频散曲线

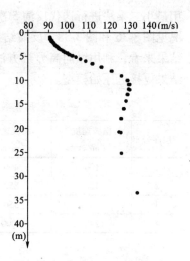

图 3-36　常规方法的反演
前后频散曲线

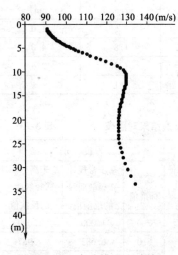

图 3-37　高分辨方法计算
的频散曲线

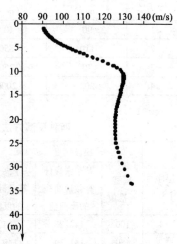

图 3-38　高分辨方法的反演
前后频散曲线

第四章 实例试验及对比

实例对比试验研究是该研究项目的重要组成部分之一，它既能证明所研究方法理论的可行性和有效性，所研制软件的正确性和适应性；又能说明相邻道瞬态瑞雷面波法无损检测的效果和精度。并且，通过实例对比试验研究，根据试验结果存在的问题，进一步完善其方法和技术，直至达到研究项目的目标。

第一节 对比试验的野外工作方法和技术

试验选取了某高速公路桩号为 CK0 + 180 ~ CK0 + 240 段，其长度为 60.0m。为了确保试验原始资料的正确和可靠，仪器分别选用 Rx -60 数字地震仪和 SE2404M 工程检测仪，检波器采用 3.5Hz 的低频检波器，震源选用 63.5kg 的重锤锤击。通过现场干扰波调查和试验，该次试验所选用的观测系统和采集的主要参数如下：

记录道数：$N = 24$；

偏移距：$X_0 = 7.0\text{m}$；

道间距：$dx = 1.0\text{m}$；

激发间距：$ds = 11.0\text{m}$；

叠加次数：$m = 2 \sim 6$；

采样间隔：$dt = 0.5\text{ms}$；

记录长度：$t_1 = 500\text{ms}$；

排列方式：单边接收或双边激发。

观测系统如图 4-1 所示，图中 0_1 和 0_2 为激发点，S_1、S_2、···

S_{23}、S_{24}为检波点。由于观测系统、采集参数正确及合理和野外施工严谨，所得野外共炮记录均完全满足野外资料验收规范和后续处理对原始资料的要求，其野外共炮记录如图4-2所示。由图可知，有效波（即瑞雷波）清晰可辨，突出性和能量强；干扰（即直达波、反射波、声波和随机干扰等）能量相对较低，突出性差。说明了原始记录的正确性和可靠性，为后续处理提供了有利条件。

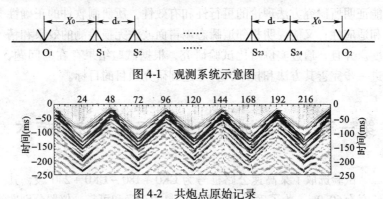

图4-1　观测系统示意图

图4-2　共炮点原始记录

为了便于结果的比较分析，常规和相邻道两种瞬态瑞雷面波法均采用上述同组原始数据、常规处理模块及模块参数。

第二节　常规 $f-k$ 法同 $\tau-p$ 法的结果及对比分析

一、$f-k$ 法

$f-k$ 法是一种采用 $f-k$ 变换（即二维滤波）提取瑞雷波，多道加权平均或直接从 $f-k$ 域获取频散曲线的方法，并将所获取的频散曲线作为该排列中心点处的频散曲线，采用阻尼最小二乘法反演横波或纵波速度。该方法至少需要 6 道共炮记录才能获取一条频散曲线。显然，所获频散曲线是多道的综合效应，即水平方向整个排列长度内介质的加权平均。

1. 处理流程及各流程的作用

野外共炮原始记录所记录的是受大地滤波和球面扩散影响的瑞雷波、直达波、反射波、声波和随机干扰等随时间变化的振幅值，为了获得最终的压实度等直接作为无损检测路基质量解释的成果，就必须进行真振幅恢复、频谱分析、滤波、$f-k$ 变换、计算多道加权平均频散曲线、反演横波速度、获取压实度等一系列处理。

经反复对比优选处理参数和处理流程，所采用的主要处理流程如图 4-3 所示，各流程的作用如下：

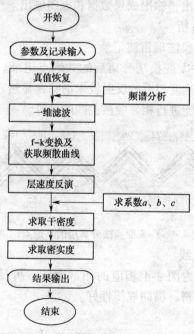

图 4-3 $f-k$ 法主要处理流程示意图

（1）真振幅恢复：消除大地滤波和球面扩散的影响；

（2）频谱分析：获取有效波频带；

（3）一维滤波：消除低频和高频干扰；

（4）$f-k$ 变换及获取频散曲线：消除直达波、反射波、声波和随机干扰等干扰，获取瑞雷波；计算多道加权平均的瑞雷波平均速度与频率或 1/2 波长（$\lambda/2$）的关系曲线，即频散曲线；

（5）层速度反演：根据频散曲线采用阻尼最小二乘法反演计算各层的厚度和相应的横波层速度；

（6）系数 a、b、c 和压实度：由标定点各层的压实度，采用最小二乘法拟合反演获取压实度与横波层速度和深度关系式（2-56）中的待定系数 a、b 和 c，再由式（2-56）计算压实度；

（7）结果输出：输出成果数据和成图输出。

2．结果及分析

（1）$f-k$ 变换法瑞雷波记录

图 4-4 为 $f-k$ 变换法分离后的共炮点记录。可见，瑞雷波得到突出，但视速度相近的反射波未消除，显然它们将影响频散曲线的计算，不能进行相邻频散曲线的计算。

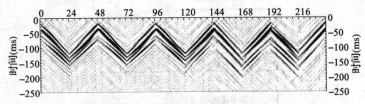

图 4-4　$f-k$ 变换法分离后的共炮点记录

（2）频散曲线

图 4-5 所示为图 4-4 相应的频散曲线。可见，频散曲线圆滑，拐点清晰易辨；横向规律性好。

（3）系数 a、b、c

选取 CK0 + 195 和 CK0 + 225 作为标定点，其值见表 4-1。采

用表 4-1 中的数据由式（2-60）和式（2-61）计算得 $a = 0.29274$，$b = -0.0094$，$c = 0.3200$。

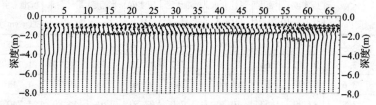

图 4-5 $f-k$ 变换法获取的频散曲线

标定点参数
表 4-1

桩号 深度（m）	CK0 + 195				CK0 + 225			
	压实度 （%）	干密度 （g/cm³）	最佳含水 量(%)	标准干密 度(g/cm³)	压实度 （%）	干密度 （g/cm³）	最佳含水 量(g/cm³)	标准干密 度(g/cm³)
0.2	95.40	1.67	16.50	1.750	101.10	1.76	16.20	1.741
0.4	96.60	1.69	17.50	1.750	95.90	1.67	17.10	1.741
0.6	97.10	1.67	15.90	1.720	94.20	1.63	14.10	1.730
0.8	93.60	1.61	14.10	1.720	98.30	1.70	13.70	1.730
1.0	92.40	1.59	15.50	1.720	101.70	1.76	12.80	1.730
1.2	105.20	1.82	15.20	1.730	99.40	1.74	17.30	1.750
1.4	101.20	1.75	13.50	1.730	99.400	1.74	15.80	1.750
1.6	100.00	1.73	16.40	1.730	91.40	1.60	14.80	1.750
1.8	93.10	1.62	16.80	1.740	106.30	1.85	14.70	1.740
2.0	89.10	1.55	12.80	1.740	91.40	1.59	19.10	1.740
2.2	90.20	1.57	18.20	1.740	93.10	1.62	18.50	1.740
2.4	93.70	1.63	13.90	1.740	89.00	1.54	18.80	1.730
2.6	89.10	1.55	17.30	1.740	90.20	1.56	14.00	1.730
2.8	91.40	1.59	17.30	1.740	89.00	1.54	13.30	1.730
3.0	94.30	1.65	13.90	1.75	89.10	1.56	12.40	1.750

续表

深度(m)	CK0 + 195				CK0 + 225			
桩号	压实度(%)	干密度(g/cm³)	最佳含水量(%)	标准干密度(g/cm³)	压实度(%)	干密度(g/cm³)	最佳含水量(g/cm³)	标准干密度(g/cm³)
3.2	86.30	1.51	12.90	1.750	89.70	1.57	14.80	1.750
3.4	91.40	1.60	18.90	1.750	89.10	1.56	16.30	1.750
3.6	87.90	1.53	14.00	1.740	90.80	1.58	19.30	1.740
3.8	87.90	1.53	10.70	1.740	92.50	1.61	15.80	1.740
4.0	87.40	1.52	21.50	1.740	89.10	1.55	20.30	1.740
4.2	93.70	1.62	15.90	1.738	94.10	1.63	15.60	1.733
4.4	88.00	1.53	17.20	1.738	91.20	1.58	16.10	1.733
4.6	89.70	1.55	14.00	1.738	91.70	1.59	16.20	1.733
4.8	90.20	1.56	18.10	1.730	89.50	1.55	12.50	1.732
5.0	94.80	1.64	18.10	1.730	87.20	1.51	13.20	1.732
5.2					87.20	1.51	16.30	1.732
5.4					97.70	1.69	16.10	1.732
5.6					95.40	1.65	16.50	1.732
5.8					96.00	1.66	16.90	1.732

（4）压实度结果的解释与分析

由图 4-6 可知，回填路基底界清晰，回填路基与原状路基交界处附近压实度相对偏低；埋深 4.0 米左右存在一低压实度层，其厚度约 1.0 米左右；明显存在具有一定规模的低压实度异常，但小范围局部异常不明显；人工取芯实验各层的压实度与通过 CK0 + 195 和 CK0 + 225 两点标定后获取的压实度相比，最小、最大相对误差分别为 0.00% 和 14.04%，平均误差为 3.03%，最小、最大绝对误差分别为 0.00% 和 10.73%；相对误差大于 3.5% 的点为 57 个，占检查点（165 个）的 34.55%，这些点基本上处于压实度变化梯度较大的部位；取芯值局部高、低点处，检测值误差均较大。说明该方法对局部异常的反应不够灵敏，这是该方法频散曲线加权平均降低了纵横向分辨率所致。各测点结果及对比如表4-2所示。

图4-6 $f-k$ 变换法获取的压实度分布图

$f-k$ 变换法结果比较表 　　　　　表4-2

桩号 深度(m)	CK0+185			CK0+195			CK0+205		
	取芯压实度(%)	实测压实度(%)	误差(%)	取芯压实度(%)	实测压实度(%)	误差(%)	取芯压实度(%)	实测压实度(%)	误差(%)
0.20	94.90	93.92	1.03	95.40	95.31	0.09	96.60	94.46	2.22
0.40	98.90	94.83	4.12	96.60	95.60	1.04	97.10	94.29	2.89
0.60	95.90	94.46	1.50	97.10	95.44	1.71	95.30	93.11	2.30
0.80	94.20	94.05	0.16	93.60	94.87	1.36	90.70	92.06	1.50
1.00	94.80	94.61	0.20	92.40	94.66	2.45	89.50	92.66	3.53
1.20	100.60	95.36	5.21	105.20	96.13	8.62	105.20	95.32	9.39
1.40	102.30	94.90	7.23	101.20	95.66	5.47	98.30	95.74	2.60
1.60	94.20	92.83	1.45	100.00	95.58	4.42	94.20	95.64	1.53
1.80	94.80	92.44	2.49	93.10	94.04	1.01	93.60	94.10	0.53
2.00	89.70	92.46	3.08	89.10	92.94	4.31	93.70	92.21	1.59
2.20	91.40	93.41	2.20	90.20	92.97	3.07	90.20	90.30	0.11
2.40	89.70	93.42	4.15	93.70	93.79	0.10	93.10	90.42	2.88
2.60	92.50	94.56	2.23	89.10	94.11	5.62	80.50	89.39	11.04
2.80	110.90	95.86	13.56	91.40	93.62	2.43	85.60	90.32	5.51
3.00	89.70	91.85	2.40	94.30	93.08	1.29	92.00	90.93	1.16
3.20	91.40	91.09	0.34	86.30	91.51	6.04	90.90	90.43	0.52

深度(m)	CK0+185			CK0+195			CK0+205		
桩号	取芯压实度(%)	实测压实度(%)	误差(%)	取芯压实度(%)	实测压实度(%)	误差(%)	取芯压实度(%)	实测压实度(%)	误差(%)
3.40	88.00	90.16	2.45	91.40	91.40	0.00	91.40	90.39	1.11
3.60	86.20	89.93	4.33	87.90	90.79	3.29	89.70	90.07	0.41
3.80	85.60	90.09	5.25	87.90	90.88	3.39	82.20	89.38	8.73
4.00	90.80	90.99	0.21	87.40	91.00	4.12	90.80	90.68	0.13
4.20	89.80	91.41	1.79	93.70	92.05	1.76	92.60	91.27	1.44
4.40	86.90	92.01	5.88	88.00	92.03	4.58	86.30	90.95	5.39
4.60	94.40	93.02	1.46	89.70	92.46	3.08	85.20	90.91	6.70
4.80	93.60	93.22	0.41	90.20	93.25	3.38	90.20	91.42	1.35
5.00				94.80	94.31	0.52	90.80	90.99	0.21
5.20							89.60	89.87	0.30
最小值	85.60	89.93	0.16	86.30	90.79	0.00	80.50	89.38	0.11
最大值	110.90	95.86	13.56	105.2	96.13	8.62	105.20	95.74	11.04
平均值	93.38	92.95	3.05	92.79	93.50	2.93	91.36	91.82	2.89

深度(m)	CK0+215			CK0+225			CK0+235		
桩号	取芯压实度(%)	实测压实度(%)	误差(%)	取芯压实度(%)	实测压实度(%)	误差(%)	取芯压实度(%)	实测压实度(%)	误差(%)
0.20	99.40	94.88	4.55	101.10	96.86	4.19	98.20	94.49	3.78
0.40	89.10	92.57	3.89	95.90	94.68	1.27	92.50	92.65	0.16
0.60	94.20	92.85	1.43	94.20	93.50	0.74	91.90	91.68	0.24
0.80	93.10	93.46	0.39	98.30	93.53	4.85	89.00	91.66	2.99
1.00	102.90	96.13	6.58	101.70	94.66	6.92	100.00	94.44	5.56
1.20	104.90	96.15	8.34	99.50	95.28	4.14	94.30	94.08	0.23
1.40	97.10	94.07	3.12	99.40	95.79	3.63	100.00	94.20	5.80

桩号 深度(m)	CK0+215			CK0+225			CK0+235		
	取芯压实度(%)	实测压实度(%)	误差(%)	取芯压实度(%)	实测压实度(%)	误差(%)	取芯压实度(%)	实测压实度(%)	误差(%)
1.60	99.40	92.83	6.61	91.40	94.39	3.27	94.90	93.85	1.11
1.80	76.40	87.13	14.04	106.30	94.11	11.47	91.40	92.65	1.37
2.00	91.40	87.55	4.21	91.40	90.43	1.06	91.40	91.69	0.32
2.20	95.40	89.87	5.80	93.10	90.12	3.20	89.00	92.21	3.61
2.40	89.60	91.71	2.35	89.00	90.10	1.24	88.40	92.79	4.97
2.60	93.60	92.56	1.11	90.20	90.30	0.11	91.30	93.18	2.06
2.80	87.90	91.19	3.74	89.00	90.10	1.24	90.80	92.86	2.27
3.00	85.10	89.99	5.75	89.10	90.41	1.47	91.40	91.25	0.16
3.20	86.90	90.30	3.91	89.70	90.67	1.08	93.70	90.28	3.65
3.40	89.70	91.17	1.64	89.10	90.81	1.92	89.70	89.93	0.26
3.60	93.70	91.78	2.05	90.80	90.89	0.10	94.80	91.13	3.87
3.80	90.20	91.04	0.93	92.50	90.87	1.76	90.20	91.19	1.10
4.00	87.40	90.60	3.66	89.10	90.49	1.56	93.70	91.87	1.95
4.20	89.40	90.90	1.68	94.10	91.13	3.16	95.70	92.29	3.56
4.40	83.70	90.66	8.32	91.20	91.16	0.04	92.90	92.11	0.85
4.60	91.70	91.21	0.53	91.70	91.53	0.19	91.70	91.94	0.26
4.80	84.80	89.74	5.83	89.50	91.76	2.53	88.30	91.77	3.93
5.00	82.30	88.54	7.58	87.20	91.85	5.33	94.10	92.73	1.46
5.20	90.60	88.26	2.58	87.20	91.90	5.39	94.70	93.09	1.70
5.40	91.30	88.43	3.14	97.70	92.87	4.94	93.60	92.92	0.73
5.60				95.40	92.21	3.34	94.80	92.23	2.71
5.80				96.00	90.92	5.29			
最小值	76.40	87.13	0.39	87.20	90.10	0.04	88.30	89.93	0.16
最大值	104.90	96.15	14.04	106.30	96.86	11.47	100.00	94.49	5.80
平均值	91.16	91.32	4.21	93.47	92.18	2.95	92.94	92.40	2.17

二、$\tau - p$ 法

$\tau - p$ 方法是一种采用 $\tau - p$ 变换（即倾斜迭加）法提取瑞雷波，所得到的瑞雷波记录，满足采用相邻道法计算频散曲线的要求，从而解决了常规方法所存在的频散曲线的多道综合效应（即水平方向整个排列长度内介质的加权平均），无法探测小规模和局部异常的问题，以致提高了瞬态瑞雷波法的探测精度及纵横向分辨率。

1. 处理流程及各流程的作用

野外共炮原始记录所记录的是受大地滤波和球面扩散影响的瑞雷波、直达波、反射波、声波和随机干扰等随时间随变化的振幅值，为了获得最终的压实度等直接作为无损检测路基质量解释的成果，就必须进行真振幅恢复、频谱分析、滤波、$\tau - p$ 变换瑞雷波提取、计算相邻道频散曲线、反演横波速度、获取压实度等一系列处理。

经反复对比，优选处理参数和处理流程，所采用的主要处理流程如图 4-7 所示，各流程的作用如下：

（1）真振幅恢复：消除大地滤波和球面扩散的影响；

（2）频谱分析：获取有效波频带；

（3）一维滤波：消除低频和高频干扰；

（4）$\tau - p$ 变换分离瑞雷波：消除直达波、反射波、声波和随机干扰等干扰，获取瑞雷波；

（5）计算相邻道频散曲线：瑞雷波平均速度与频率或 1/2 波长（$\lambda / 2$）的关系曲线，即频散曲线；

（6）层速度反演：根据频散曲线采用阻尼最小二乘法反演计算各层的厚度和相应的横波层速度；

（7）求系数 a、b、c 和压实度：由标定点各层的压实度，采用最小二乘法拟合反演获取压实度与横波层速度和深度关系式（2-56）中的待定系数 a、b 和 c，再由式（2-56）计算压实度；

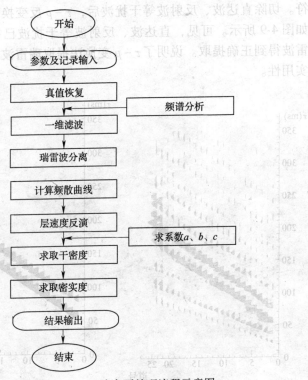

图 4-7　$\tau - p$ 法主要处理流程示意图

（8）结果输出：输出成果数据和成图输出。

2. 结果及分析

（1）$\tau - p$ 变换法瑞雷波记录

1）瑞雷波提取试验

图 4-8 所示为试验段中的一共炮点原始记录，由记录可知，瑞雷波清晰易辨，相对其他波而言其振幅最强，但存在直达波、

反射波和随机干扰等干扰波，并相互干涉。经 $\tau - p$ 变换之后，瑞雷波能量较强、易于分辨，基本上集中于一似椭圆形状的区域内，其他波能量相对较弱和较为分散，与理论记录特征相符。切除直达波、反射波等干扰波后，$\tau - p$ 反变换瑞雷波记录如图 4-9 所示。可见，直达波、反射波等干扰波已被消除，瑞雷波得到正确提取。说明了 $\tau - p$ 变换法提取瑞雷波的可行性和实用性。

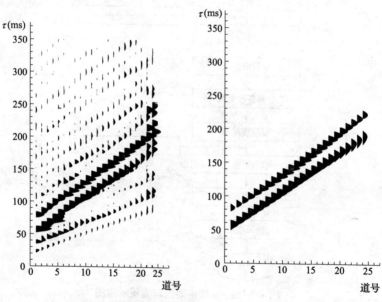

图 4-8 共炮点原始记录　　　　图 4-9 共炮点瑞雷波记录

2）试验段瑞雷波记录

图 4-10 所示为 $\tau - p$ 变换法分离后的共炮点记录。可见，瑞雷波得到突出，直达波、反射波、声波和随机干扰等干扰已得到消除，瑞雷波已得到有效分离，瑞雷波频散特征清晰。

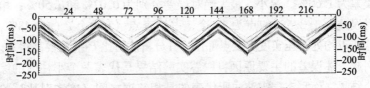

图 4-10 $\tau - p$ 变换法分离后的共炮点记录

（2）相邻道频散曲线

图 4-11 所示为与图 4-10 相应的相邻道频散曲线。可见，频散曲线圆滑，拐点清晰易辨，横向规律性好，局部异常特征明显，满足反演要求。表明了采用 $\tau - p$ 变换法所提取的瑞雷波，可进行相邻道频散曲线的计算，从而提高了瑞雷波无损检测的纵、横向分辨率。

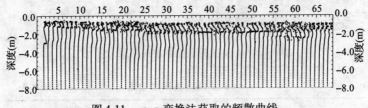

图 4-11 $\tau - p$ 变换法获取的频散曲线

（3）系数 a、b、c

同理，仍选取 Ck0 + 195 和 Ck0 + 225 作为标定点，其值见表 4-1。采用表 4-1 中的数据，由式（2-60）和式（2-61）计算得 $a = 0.2711$，$b = -0.0047$，$c = 0.3200$。

（4）压实度结果的解释与分析

由图 4-12 可知，回填路基底界清晰，回填路基与原状路基交界处附近压实度相对偏低；埋深 4.0 米左右的低压实度层不够 $f - k$ 法明显，其中存在局部异常；明显存在多处局部异常；人工取芯实验各层的压实度与通过 ck0 + 195 和 ck0 + 225 两点标定后获取的压实度相比，最小、最大相对误差分别为 0.02% 和 9.62%，平均误差为 1.60% ，最小、最大绝对误差分别为 0.02% 和 7.50% ；相对误差大于 3.5% 的点为 14 个，占检查点（165 个）的 8.48% ，这些点均处于压实度突变点部位，其分辨能力比 $f-k$ 法要高得多。引起上述误差的主要原因：取芯实验结果是代表一个小柱体的综合结果，而瞬态瑞雷波法所代表的是相邻道之间（本次对比试验所采用的道距为 1.0 米）的综合结果，因此它们之间必定存一定的差值，其差值主要同介质的均匀性和道距有关，均匀性越好、道距越小其差值就越小，因此可通过减小道距实规检测精度的进一步提高。各测点结果及对比表见表 4-3 。

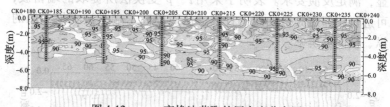

图 4-12　$\tau-p$ 变换法获取的压实度分布图

$\tau-p$ 变换法结果比较表　　　　　　表 4-3

桩号 深度（m）	CK0 + 185			CK0 + 195			CK0 + 205		
	取芯压实度（%）	实测压实度（%）	误差（%）	取芯压实度（%）	实测压实度（%）	误差（%）	取芯压实度（%）	实测压实度（%）	误差（%）
0.20	94.90	95.46	0.59	95.40	95.55	0.16	96.60	96.70	0.10
0.40	98.90	97.78	1.13	96.60	96.51	0.09	97.10	96.73	0.38
0.60	95.90	96.97	1.12	97.10	97.37	0.28	95.30	94.82	0.50
0.80	94.20	95.44	1.32	93.60	95.37	1.89	90.70	91.90	1.32
1.00	94.80	93.99	0.85	92.40	94.88	2.68	89.50	93.20	4.13
1.20	100.60	97.08	3.50	105.20	101.80	3.23	105.20	101.03	3.96
1.40	102.30	99.08	3.15	101.20	101.10	0.10	98.30	98.94	0.65

桩号 深度(m)	CK0+185			CK0+195			CK0+205		
	取芯压实度(%)	实测压实度(%)	误差(%)	取芯压实度(%)	实测压实度(%)	误差(%)	取芯压实度(%)	实测压实度(%)	误差(%)
1.60	94.20	95.84	1.74	100.00	98.13	1.87	94.20	96.47	2.41
1.80	94.80	94.45	0.37	93.10	93.69	0.63	93.60	94.52	0.98
2.00	89.70	91.50	2.01	89.10	91.30	2.47	93.70	92.85	0.91
2.20	91.40	91.35	0.05	90.20	91.97	1.96	90.20	90.77	0.63
2.40	89.70	91.32	1.81	93.70	93.25	0.48	93.10	90.85	2.42
2.60	92.50	94.85	2.54	89.10	91.07	2.21	80.50	86.30	7.20
2.80	110.90	102.44	7.63	91.40	91.42	0.02	85.60	87.88	2.66
3.00	89.70	92.44	3.05	94.30	92.14	2.29	92.00	91.86	0.15
3.20	91.40	90.78	0.68	86.30	88.79	2.89	90.90	91.96	1.17
3.40	88.00	89.25	1.42	91.40	90.88	0.57	91.40	91.24	0.18
3.60	86.20	87.90	1.97	87.90	90.00	2.39	89.70	89.64	0.07
3.80	85.60	87.73	2.49	87.90	89.75	2.10	82.20	86.29	4.98
4.00	90.80	90.58	0.24	87.40	90.91	4.02	90.80	90.30	0.55
4.20	89.80	90.36	0.62	93.70	93.44	0.28	92.60	91.60	1.08
4.40	86.90	89.80	3.34	88.00	89.96	2.23	86.30	88.41	2.44
4.60	94.40	93.36	1.10	89.70	90.07	0.41	85.20	87.44	2.63
4.80	93.60	93.78	0.19	90.20	91.12	1.02	90.20	89.98	0.24
5.00				94.80	93.66	1.20	90.80	90.41	0.43
5.20							89.60	90.21	0.68
最小值	85.60	87.73	0.05	86.30	88.79	0.02	80.50	86.29	0.07
最大值	110.90	102.44	7.63	105.20	101.80	4.02	105.20	101.03	7.20
平均值	93.38	93.48	1.79	92.79	93.37	1.50	91.36	92.01	1.65

桩号 深度(m)	CK0+215			CK0+225			CK0+235		
	取芯压实度(%)	实测压实度(%)	误差(%)	取芯压实度(%)	实测压实度(%)	误差(%)	取芯压实度(%)	实测压实度(%)	误差(%)
0.20	99.40	97.87	1.54	101.10	100.42	0.67	98.20	97.48	0.73
0.40	89.10	91.59	2.79	95.90	96.43	0.55	92.50	93.34	0.91
0.60	94.20	93.08	1.19	94.20	95.10	0.96	91.90	91.46	0.48
0.80	93.10	95.74	2.84	98.30	98.20	0.10	89.00	90.82	2.04
1.00	102.90	100.44	2.39	101.70	100.81	0.88	100.00	96.78	3.22
1.20	104.90	101.21	3.52	99.40	99.89	0.49	94.30	95.07	0.82
1.40	97.10	98.24	1.17	99.40	98.05	1.36	100.00	96.49	3.51
1.60	99.40	95.18	4.25	91.40	95.04	3.98	94.90	94.40	0.53
1.80	76.40	83.90	9.82	106.30	100.96	5.02	91.40	92.23	0.91
2.00	91.40	89.56	2.01	91.40	93.55	2.35	91.40	91.52	0.13
2.20	95.40	92.53	3.01	93.10	91.98	1.20	89.00	90.78	2.00
2.40	89.60	91.23	1.82	89.00	90.70	1.91	88.40	90.00	1.81
2.60	93.60	92.73	0.93	90.20	90.98	0.86	91.30	91.11	0.21
2.80	87.90	89.05	1.31	89.00	90.86	2.09	90.80	91.41	0.67
3.00	85.10	87.18	2.44	89.10	90.10	1.12	91.40	91.76	0.39
3.20	86.90	88.29	1.60	89.70	89.72	0.02	93.70	92.13	1.68
3.40	89.70	90.55	0.95	89.10	89.78	0.76	89.70	90.83	1.26
3.60	93.70	93.00	0.75	90.80	90.73	0.08	94.80	93.00	1.90
3.80	90.20	91.17	1.08	92.50	91.52	1.06	90.20	91.65	1.61
4.00	87.40	89.22	2.08	89.10	90.68	1.77	93.70	93.29	0.44
4.20	89.40	89.41	0.01	94.10	92.76	1.42	95.70	94.58	1.17

续表

深度(m) \ 桩号	CK0+215			CK0+225			CK0+235		
	取芯压实度(%)	实测压实度(%)	误差(%)	取芯压实度(%)	实测压实度(%)	误差(%)	取芯压实度(%)	实测压实度(%)	误差(%)
4.40	83.70	87.30	4.30	91.20	91.67	0.52	92.90	93.11	0.23
4.60	91.70	90.16	1.68	91.70	91.68	0.02	91.70	91.64	0.07
4.80	84.80	86.80	2.36	89.50	90.36	0.96	88.30	90.34	2.31
5.00	82.30	85.25	3.58	87.20	88.96	2.02	94.10	93.45	0.69
5.20	90.60	89.72	0.97	87.20	89.71	2.88	94.70	94.39	0.33
5.40	91.30	91.34	0.04	97.70	95.51	2.24	93.60	93.97	0.40
5.60				95.40	95.66	0.27	94.80	93.86	0.99
5.80				96.00	95.32	0.71			
最小值	76.40	83.90	0.01	87.20	88.96	0.02	88.30	90.00	0.07
最大值	104.90	101.21	9.82	106.30	100.96	5.02	100.00	97.48	3.51
平均值	91.16	91.55	2.24	93.47	93.69	1.32	92.94	92.89	1.12

综上所述，由于常规方法（即 $f-k$ 变换法）在获取频散曲线时，采用了多道（不少于6道）加权平均（即水平方向整个排列长度内介质的加权平均）的方法，对局部异常的反应不够灵敏，无法探测小规模和局部异常。$\tau-p$ 变换解决了瑞雷波的分离问题，所获得的瑞雷波记录完全满足采用相邻道计算频散曲线的要求，从而大大提高了瞬态瑞雷波法的探测精度及纵横向分辨率，拓宽了其应用范围。

第五章　应 用 实 例

在多个科研项目研究成果的基础上，根据第二章所述的方法理论，研制了用于复杂地形的多次覆盖浅层地震反射波法和相邻道瞬态瑞雷波法处理、人机联作解释和成图软件系统。该软件系统界面友好、操作方便、结果直观、运算正确和稳定。解决了复杂地形条件下浅层地震反射波法的勘探问题，提高了反射波法剖面质量和勘探精度；有效实现了瞬态记录中瑞雷波的提取和相邻道频散曲线的计算，消除了常规方法的平均效应，从而大大提高了瑞雷波法的纵、横向分辨率和检测精度，能真实地反映地下较小范围内的局部异常。

本项研究成果形成的反射和面波软件已应用于公路、铁路、堤坝和岩溶探测和无损检测中，取得了良好的应用效果。

第一节　高等级公路路基补强效果检测

一、压实度检测

1. 补强前后压实度检测及评价效果

由图 5-1 和图 5-2 可见，补强前压实度为 90% 的等值线起伏较大，且频繁，桩号 K74 + 110 ~ K74 + 310 之间尤其突出，该段存在明显不均匀现象，深层似背斜形态为原状路基所致；补强后压实度为 90% 的等值线起伏较小，且平缓，压实度和均匀性得到显著提高改善，桩号 K74 + 110 ~ K74 + 310 之间尤其显著，深层原状路基似背斜形态变为规则，其补强影响深度约 6.0m。

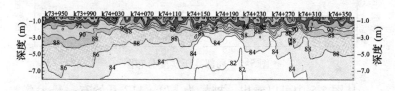

图 5-1　补强前压实度分布图

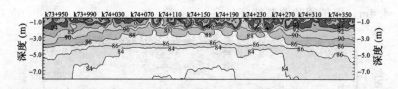

图 5-2　补强后压实度分布图

2. 路基注浆效果检测

由图 5-3 可见，注浆深度内压实度平均提高 6% 左右，桩号 k00+325 处存在垂直条带相对低压实度异常，是漏注或欠注所致；埋深约 3.0m 处存在一低压实度夹层，即疏松压层，其厚度约 0.4m。

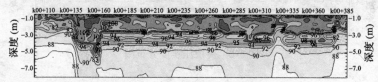

图 5-3　注浆处理后压实度分布图

3. 路基压实度异常检测

图 5-4 中桩号 k06+307 ~ k06+315 之间，埋深约 3.5m 处有一存在于原状路基中宽约 8.0m、高约 1.0m 的，已经进行了人工处理的局部异常；桩号 k06+465 ~ k06+530 之间存在一落差约 2.0m 的堑形高压实度异常。

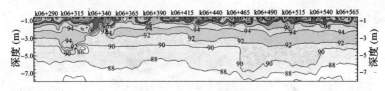

图 5-4　局部高压实度分布图

从图 5-5 中可以看出，桩号为 k79＋117 开始有一最大落差约 3.8m 的台阶形高压实度异常，底部埋深由 6.6m 逐渐减为 4.4m，属于原状路基特征。

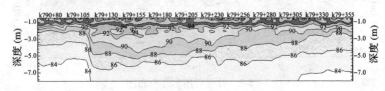

图 5-5　台阶压实度分布图

图 5-6 中总体压实度横向变化较小，均匀性好；在埋深约 3.2m 处存在一厚度为 0.4m 左右的低压实度夹层。

图 5-6　夹层压实度分布图

二、复合承载力检测

由两条映像深度剖面（见 5-7 和图 5-9）可知，碎石桩底板和异常体反射同相轴清晰易辨，连续性好，且能量较均匀，可连续追踪对比解释。图 5-7 中剖面碎石桩底板的最小、最大和平均埋深分别为 1.38、3.50 和 2.62m，图 5-9 中剖面碎石桩底板的最小、最大和平均埋深分别为 1.54、3.11 和 2.29m。相对而言，图 5-9 中剖面碎石桩底板起伏比图 5-7 中的剖面要小。并且，图 5-9 中剖面存在两处局部异常，其主要参数见表 5-1。

由两条复合承载力剖面（见图 5-8 和图 5-10）可知，碎石桩底界较清晰，复合承载力明显高于原状土。图 5-8 中剖面 0.0 ~ 6.0m 的最小、最大和平均复合承载力分别为 190.2、240.5 和 202.4kPa。

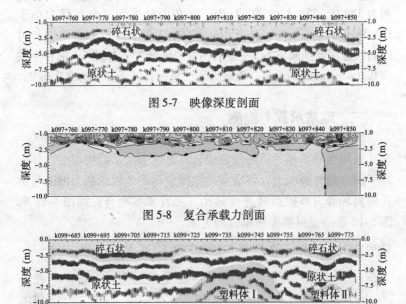

图 5-7 映像深度剖面

图 5-8 复合承载力剖面

图 5-9 映像深度剖面

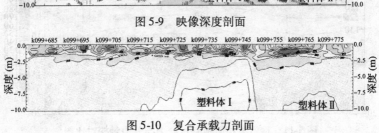

图 5-10 复合承载力剖面

异常综合参数表　　　　　　表 5-1

异常编号	起止桩号	最小理深（m）	平均承载力（KPa）	备注
I	k099 + 718 ~ k099 + 752	3.5	190.0	软塑体，3.72 ~ 6.00m 应作处理
II	k099 + 760 ~ k099 + 777	7.0	192.5	软塑体，可不作处理

图 5-10 中剖面 0.0 ~ 6.0m 的最小、最大和平均复合承载力分别为 188.2、238.3 和 201.1kPa，存在两处平均复合承载力小于 192.5kPa 的局部异常，推断为软塑体，其埋深、形态和范围与对应的映像深度剖面与图 5-9 中的两处局部异常基本相同。两条测线中 0.0 ~ 6.0m 的平均复合承载力均已超过设计所要求的 200.0kPa。

三、地基承载力检测

采用高分辨相邻道频散曲线计算方法加大了勘探深度，并提高了深部的分辨能力。将瑞雷波勘探获得的地层承载力剖面与钻孔资料和静力触探资料进行对比，二者基本吻合，如图 5-11 和图 5-12 所示，纵横坐标单位均为米。

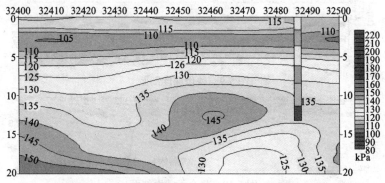

图 5-11　瑞雷波检测地基承载力与静力触探对比图

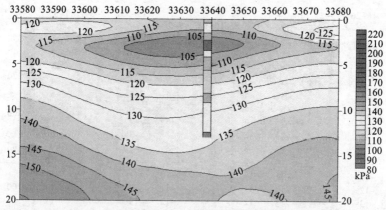

图 5-12 瑞雷波检测地基承载力与静力触探对比图

第二节 公路地基桩基质量检测

一、粉喷桩质量检测

瑞雷波 CT 在粉喷桩检测方面取得较好效果。图 5-13 为三组粉喷桩采用瑞雷波法无损检测的结果，设计桩长均为 11.5m。可见，图 5-13（a）中桩体完整，中、深部强度相对偏低；图 5-13（b）中浅部桩体缺失，17～20 桩长仅 8.5m，未达到设计桩长；图 5-13（c）中桩体整体欠完整和强度偏低，浅部桩体欠均匀，中部存在缺桩或强度较低异常。

二、管桩质量检测

对某路基预应力混凝土管桩采用反射波法进行了桩长检测，经速度标定，单桩平均速度约 4300m/s，检测结果如下：

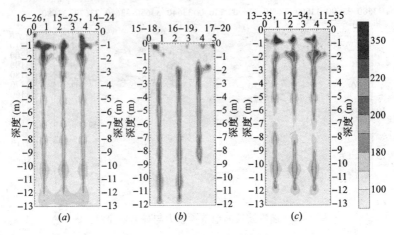

图 5-13　粉喷桩强度分布图

（1）设计 10m 管桩（整桩）检测结果如下图所示，桩头、桩底波形明显可辨，检测桩长为 9.93m。

工地名称	连霍加宽右幅 k105+400			桩号	2-1-10	桩径 (m)	0.5
桩长 (m)	9.93	波速 (m/s)	4300	检测日期	2006 -10-3	混凝土强度设计值	C60
完整性评价		桩身完整			完整性分类		

（2）设计 10m 管桩（整桩）检测结果如下图所示，桩头、桩底波形明显可辨，检测桩长为 8.9m。

工地名称	连霍加宽 5 标右幅 k105+400			桩号	6-2	桩径 (m)	0.4
桩长 (m)	8.90	波速 (m/s)	4300	检测日期	2006 -10-6	混凝土强度设计值	>C30
完整性评价					完整性分类		

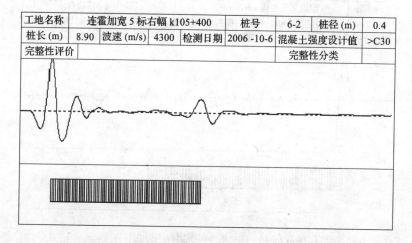

（3）设计 14m 管桩（接桩）检测结果如下图所示，桩头、桩底及接桩处波形明显可辨，检测桩长为 12.94m，接桩：7m +6m。

工地名称	连霍加宽左幅 k105+400			桩号	2-1-7+7	桩径 (m)	0.4
桩长 (m)	12.94	波速 (m/s)	4200	检测日期	2006 -10-3	混凝土强度设计值	C60
完整性评价		距桩顶 7.1m 左右裂缝			完整性分类		

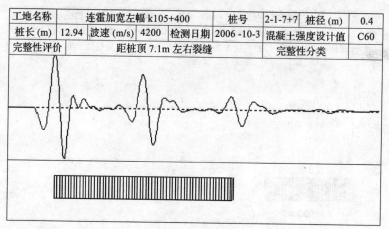

（4）设计 14m 管桩（接桩）检测结果如下图所示，桩头、桩底及接桩处波形明显可辨，检测桩长为 14.03m，接桩：7m +7m。

工地名称	连霍加宽左幅 k105+800			桩号	6-5-8+6	桩径 (m)	0.4
桩长 (m)	14.03	波速 (m/s)	4200	检测日期	2006 -10-3	混凝土强度设计值	C60
完整性评价		距桩顶 6m 左右裂缝			完整性分类		

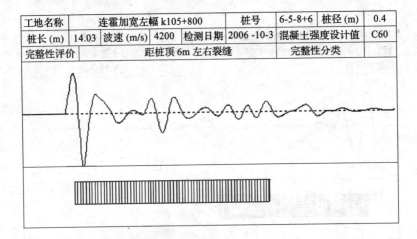

（5）设计 10m 管桩（接桩）检测结果如下图所示，桩头、桩底及接桩处波形明显可辨，检测桩长为 10.21m，接桩：5m + 5m。

工地名称	连霍加宽左幅 k105+400			桩号	3-13-5+5	桩径 (m)	0.4
桩长 (m)	10.21	波速 (m/s)	4200	检测日期	2006 -10-6	混凝土强度设计值	>C30
完整性评价		距桩顶 5.2m 左右裂缝			完整性分类		

5.2m

（6）设计 12m 管桩（接桩）检测结果如下图所示，桩头、桩底及接桩处波形明显可辨，检测桩长为 11.97m，接桩：6m + 6m。

工地名称	连霍加宽右幅 k105+600		桩号	3-7-5+7	桩径 (m)	0.4
桩长 (m)	11.97	波速 (m/s)	4200	检测日期	2006 -10-3	混凝土强度设计值	>C60
完整性评价	距桩顶 6.2m 左右裂缝			完整性分类		

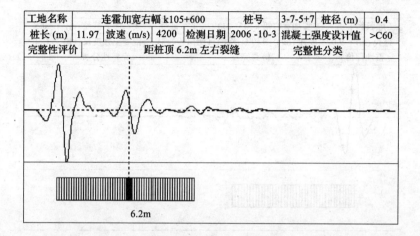

6.2m

（7）设计 14m 管桩检测结果如下图所示，桩头、桩底及接桩处波形明显可辨，检测桩长为 11.05m，接桩：5m ＋6m。

工地名称	连霍加宽右幅 k105+800		桩号	3-3-9+5	桩径 (m)	0.4
桩长 (m)	11.05	波速 (m/s)	4200	检测日期	2006 -10-3	混凝土强度设计值	>C60
完整性评价	距桩顶 5.0m 左右裂缝			完整性分类		

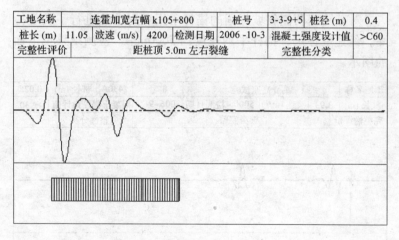

（8）设计 10m 管桩（整桩）检测结果如下图所示，桩头、桩底波形明显可辨，检测桩长为 9.07m。

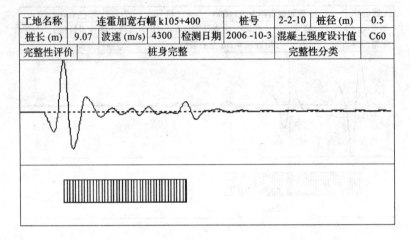

工地名称	连霍加宽右幅 k105+400			桩号	2-2-10	桩径 (m)	0.5
桩长 (m)	9.07	波速 (m/s)	4300	检测日期	2006 -10-3	混凝土强度设计值	C60
完整性评价	桩身完整				完整性分类		

三、锚杆长度检测

对某路基两侧斜坡加固的锚杆采用反射波法进行了长度检测，经速度标定，锚杆平均速度约 5000m/s，检测结果见下面的图示。

工地名称	禹登高速试验			桩号	z430A	桩径 (m)	0.025
桩长 (m)	3.93	波速 (m/s)	5000	检测日期	2006 -9-28	混凝土强度设计值	>C30
完整性评价	桩身完整				完整性分类		

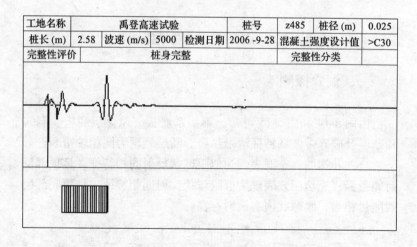

工地名称		禹登高速试验			桩号	z469	桩径 (m)	0.025
桩长 (m)	3.48	波速 (m/s)	5000	检测日期	2006 -9-28	混凝土强度设计值		>C30
完整性评价		桩身完整				完整性分类		

工地名称		禹登高速试验			桩号	z485	桩径 (m)	0.025
桩长 (m)	2.58	波速 (m/s)	5000	检测日期	2006 -9-28	混凝土强度设计值		>C30
完整性评价		桩身完整				完整性分类		

工地名称	禹登高速试验				桩号	z407	桩径 (m)	0.025
桩长 (m)	2.38	波速 (m/s)	5000	检测日期	2006 -9-28	混凝土强度设计值		>C30
完整性评价	桩身完整					完整性分类		

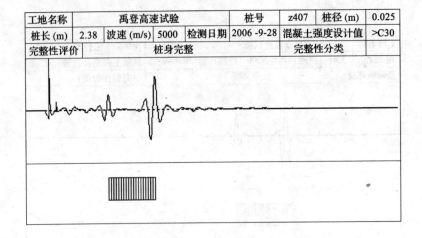

第三节 路 基 勘 察

本节的应用实例均为采用反射波法勘探结果。

一、洞穴探测

由图 5-14 和图 5-15 可知，第四系底板、风化层底板、洞穴和断层及破碎带波场特征清晰易辨。断层表现为同相轴错断、分叉、合并和扭曲；空洞表现为似眼球状反射同相特征，且顶部反射能量强；充填洞穴表现为似眼球状反射同相特征，且顶底部反射能量相当，眼球状内有散射存在。

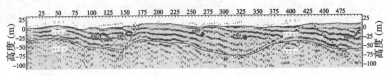

图 5-14　EW1 线西段地震深度剖面图

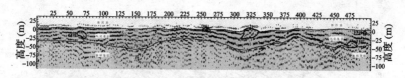

图 5-15 EW2 线西段地震深度剖面图

二、断层、裂缝探测

1. 断层探测

由图 5-16 和图 5-17 可知，第四系、风化层底板反射同相轴连续，且能量基本均匀；断层特征表现明显。

图 5-16 背靠背换流站西线浅层地震深度剖面

图 5-17 背靠背换流站东线浅层地震深度剖面

2. 裂缝（裂隙）探测

由图 5-18 和 5-19 可知，山体基岩裸露，地形起伏大，属于背斜构造，岩层倾角较大，裂缝（裂隙）特征表现较明显，比较发育。

图 5-18 高速公路某隧道右（北）幅浅层地震深度剖面

图 5-19　高速公路某隧道左（南）幅浅层地震深度剖面

三、地基变形探测

某煤矿采空区地面变形及采空区地震勘探剖面如图 5-20 所示。

从图 5-21 所示的剖面中可以明显看出，整个路基具有向侧向滑移的特征，形成明显的滑动体。

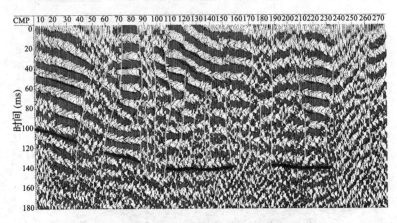

图 5-20　地面变形及采空区地震勘探剖面

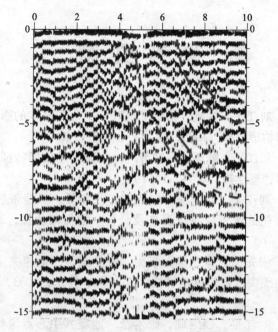

图 5-21　地震映像方法检测路基测向滑移剖面

参 考 文 献

［1］刘江平，姚姚．初始模型对 CFP 成像技术的影响研究．石油地球物理勘探，2005，40（2）：143～148

［2］刘江平，陈超，许顺芳．垂直裂缝的波场特征及实例．工程地球物理学报，2004，1（1）：55～59

［3］刘江平，张友明，白兴盈，张丽琴．低速带底面起伏条件下常规低速带静校正误差及分析．物探与化探，2001，25（1）：61～65

［4］宋先海，肖柏勋，赵凌，张学强等．低速夹层上瑞雷波频散曲线快速稳定反演算法．勘察科学技术，2003，6：30～34

［5］刘江平，钱绍瑚，张素新．地震共中心点道集的滑动基准面静校正和动校正叠加理论模型计算和分析．物探与化探，1998，22（1）：27～33

［6］刘江平．地震共中心点道集的瞬时基准面静校正和动校正．物探与化探，1997，21（1）：15～22

［7］宋先海，肖柏勋，顾汉明，张学强等．附加质量法在水布垭堆石体密度测定中的应用．煤田地质与勘探，2004，32（3）：40～42

［8］刘江平，杨永清，李修忠．复杂地形条件下地震速度提取方法及分析．物探与化探，1999，23（4）：258～264

［9］刘江平．复杂地形下的一种地震野外静校正的新方法浮动基准面静校正．物探与化探，1996，20（3）：218～222

［10］熊章强，张学强，李修忠，谢尚平等．高密度地震映

象勘查方法及应用实例. 地震学报, 2004, 26 (3): 313～317

[11] 熊章强, 陈少华, 李修忠. 工程场地土层地震反应模型实例分析. 物探与化探, 2004, 28 (2): 173～176

[12] 吴俊峰, 姚姚, 张学强. 扩展镜像法反射剖面技术表层调查. 石油天然气学报 (江汉石油学院学报), 2008, 30 (1): 247～249

[13] 刘彦华, 熊章强, 刘江平. 利用瑞雷波法检测路基密实度. 西部探矿工程, 2008, 7: 195～197

[14] 张晓敏, 张学强, 徐鑫. 两种数据存储格式之间的互相转换. 工程地球物理学报, 2008, 5 (3): 342～345

[15] 熊章强, 张大洲, 肖柏勋, 秦臻. 裂缝介质中瑞雷面波传播的渐变非均匀交错网格数值模拟. 湖南大学学报 (自然科学版), 2008, 35 (8): 24～28

[16] 刘江平, 罗银河, 张英德. 黏土动、静弹性模量相关性试验研究. 岩石力学与工程学报, 2007, 26 (2): 427～431

[17] 谢尚平, 熊章强, 易清平, 方根显. 浅层地震和高密度电法在滑坡体勘察中的应用. 东华理工学院学报, 2004, 27 (4): 361～364

[18] 刘江平, 张丽琴, 张友明, 杨永清等. 浅层地震技术在大堤防 (隔) 渗墙质量检测中的应用. 物探与化探, 2000, 24 (4): 302～305

[19] 刘江平, 陈超, 侯卫生. 浅层地震映像法在堤坝无损检测中的应用. 人民长江, 2002, 33 (5): 26～28

[20] 宋先海, 赵凌, 顾汉明, 张学强. 清江水布垭面板堆石坝坝料填筑最优碾压参数试验研究. 岩土工程界 (检测与分析), 2003, 6 (11): 73～75

[21] 张学强. 瑞雷波法在地基工程质量检测中若干问题的研究. 物探与化探, 2000, 24 (5): 346～351

［22］熊章强，张大洲，秦臻，周文斌. 瑞雷波数值模拟中的边界条件及模拟实例分析. 中南大学学报（自然科学版），2008，39（4）：824～829

［23］朱翔鹏，张学强，严哲. 瑞雷波在探测地下防空洞的应用研究. 工程地球物理学报，2007，4（1）：58～61

［24］刘江平，姚姚，罗银河. 时差自动拾取共聚焦点成像技术及应用研究. 天然气工业（地质与勘探），2005，25（5）：31～33

［25］宋先海，肖柏勋，余才盛，顾汉明，张学强等. 瞬态瑞雷波反演横波的 SVD 算法及其应用. 地质与勘探（岩土工程），2004，40（1）：92～96

［26］刘江平，侯卫生，许顺芳. 相邻道瑞雷波法及在防渗墙强度检测中的应用. 人民长江，2003，34（2）：34～36

［27］徐鑫，张学强，徐涛，张晓敏. 小波变换在压制面波中的应用. 工程地球物理学报，2008，5（2）：196～200

［28］宋先海，肖柏勋，黄荣荣，顾汉明，张学强. 用等厚薄层权重自适应迭代阻尼最小二乘法反演瑞雷波频散曲线. 物探与化探，2003，27（3）：212～216

［29］刘彦华，熊章强，方根显，谢尚平. 综合物探方法在泰井高速公路滑坡调查中的应用. 工程地球物理学报，2007，4（4）：295～298

［30］赵卫楚，熊章强，曾茂宗，陈持逊. 综合物探在厦成高速岩溶地质调查中的应用. 勘探地球物理进展，2008，31（2）：154～157

尊敬的读者：

　　感谢您选购我社图书！建工版图书按图书销售分类在卖场上架，共设22个一级分类及43个二级分类，根据图书销售分类选购建筑类图书会节省您的大量时间。现将建工版图书销售分类及与我社联系方式介绍给您，欢迎随时与我们联系。

★建工版图书销售分类表（见下表）。

★欢迎登陆中国建筑工业出版社网站www.cabp.com.cn，本网站为您提供建工版图书信息查询，网上留言、购书服务，并邀请您加入网上读者俱乐部。

★中国建筑工业出版社总编室
　电　话：010—58934845
　传　真：010—68321361

★中国建筑工业出版社发行部
　电　话：010—58933865
　传　真：010—68325420
　E-mail：hbw@cabp.com.cn

建工版图书销售分类表

一级分类名称（代码）	二级分类名称（代码）	一级分类名称（代码）	二级分类名称（代码）
建筑学（A）	建筑历史与理论（A10）	园林景观（G）	园林史与园林景观理论（G10）
	建筑设计（A20）		园林景观规划与设计（G20）
	建筑技术（A30）		环境艺术设计（G30）
	建筑表现·建筑制图（A40）		园林景观施工（G40）
	建筑艺术（A50）		园林植物与应用（G50）
建筑设备·建筑材料（F）	暖通空调（F10）	城乡建设·市政工程·环境工程（B）	城镇与乡（村）建设（B10）
	建筑给水排水（F20）		道路桥梁工程（B20）
	建筑电气与建筑智能化技术（F30）		市政给水排水工程（B30）
	建筑节能·建筑防火（F40）		市政供热、供燃气工程（B40）
	建筑材料（F50）		环境工程（B50）
城市规划·城市设计（P）	城市史与城市规划理论（P10）	建筑结构与岩土工程（S）	建筑结构（S10）
	城市规划与城市设计（P20）		岩土工程（S20）
室内设计·装饰装修（D）	室内设计与表现（D10）	建筑施工·设备安装技术（C）	施工技术（C10）
	家具与装饰（D20）		设备安装技术（C20）
	装修材料与施工（D30）		工程质量与安全（C30）
建筑工程经济与管理（M）	施工管理（M10）	房地产开发管理（E）	房地产开发与经营（E10）
	工程管理（M20）		物业管理（E20）
	工程监理（M30）	辞典·连续出版物（Z）	辞典（Z10）
	工程经济与造价（M40）		连续出版物（Z20）
艺术·设计（K）	艺术（K10）	旅游·其他（Q）	旅游（Q10）
	工业设计（K20）		其他（Q20）
	平面设计（K30）	土木建筑计算机应用系列（J）	
执业资格考试用书（R）		法律法规与标准规范单行本（T）	
高校教材（V）		法律法规与标准规范汇编/大全（U）	
高职高专教材（X）		培训教材（Y）	
中职中专教材（W）		电子出版物（H）	

注：建工版图书销售分类已标注于图书封底。